Mit Respekt
vor Deiner therapeutischen
Kompetenz
und mit Dankbarkeit
für unsere Freundschaft
Dein Helm.

Lehnstein,
17. Oktober 2003

Dr. phil. Mathias Jung

Liebesarbeit
Das Paar – Jugend, Lebensmitte, Alter

Aus der Sprechstunde Band 32

Dr. phil. Mathias Jung

Liebesarbeit

Das Paar –
Jugend, Lebensmitte, Alter

In keiner Liebe gibt es Stillstehen.
Friedrich Nietzsche
Menschliches, Allzumenschliches

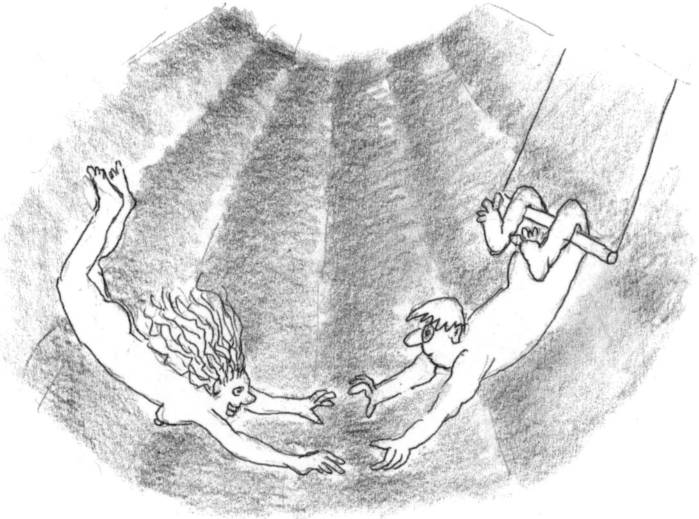

LIEBESARBEIT

ISBN 3-89189-103-2
1. Auflage, 2003
Karikaturen: Reiner Taudien
Umschlaggestaltung: Martin Gutjahr-Jung
Umschlagfoto: Martin Gutjahr-Jung

Alle das Neigen
von Herzen zu Herzen,
ach, wie so eigen
schafft das Schmerzen!
Wie soll ich fliehen?
Wälderwärts ziehen?
Alles vergebens!
Krone des Lebens,
Glück ohne Ruh,
Liebe bist du!

Johann Wolfgang von Goethe

Inhaltsverzeichnis

Baustelle Beziehung

Die Liebe muss wie das Feuer
immer wieder angefacht werden.
Sie stirbt, wenn sie zu hoffen
oder zu fürchten aufhört.

Larochefoucauld
Maximen und Reflexionen, 1782

Ehestand – Wehestand, sagt ein altes deutsches Sprichwort. Der Narr in Shakespeares *Was ihr wollt* bemerkt sarkastisch: *Gut gehängt ist besser als schlecht verheiratet.* Ein Witz, den mir frustrierte Ehepaare in der Praxis erzählten, lautet: Mit der Ehe ist es wie mit einem Besuch im Restaurant. Man glaubt immer, die richtige Wahl getroffen zu haben, bis man sieht, was am Nachbartisch serviert wird.

Die Situation ist allerdings nicht zum Lachen. Jahr um Jahr wird weniger geheiratet und mehr geschieden. Jede dritte Ehe geht heute in die Brüche. In den Städten scheitert fast jede zweite. Die traditionelle Gesellschaft löst sich auf. Immer höher steigt die Zahl der so genannten „Wilden Ehen". Im Westen hat sie sich seit 1972 von 137000 auf 1,3 Millionen Menschen verzehnfacht. Im Jahr 2000 lebte nur noch in jedem vierten deutschen Haushalt ein Ehepaar mit Kindern. Zu Beginn der 90er Jahre war das noch in jedem dritten Heim der Fall. Dagegen ist die Zahl der

IST ES NICHT HIMMLISCH, UNSER HAUS?

Singles deutlich angestiegen. Die 13,8 Millionen allein Lebenden machen inzwischen sechsunddreißig Prozent der Haushalte aus. Auch die Zahl der allein Erziehenden nahm erheblich zu – um zwölf Prozent auf 2,2 Millionen. Deutlich gewachsen ist aber auch die Zahl der Paare ohne Kinder.

Hinter diesen Zahlen verbirgt sich ein gewaltiger sozialer und psychologischer Umbruch, fast schon eine Revolution. Wir leben heute, ob wir wollen oder nicht, in einer Epoche der *Fragmentarisierung* und *Individualisierung*. Die klassische Reihenfolge von Berufsausbildung, Familiengründung, Kindererziehung, Tod ist nicht mehr zwingend. Das Leben ist ergebnisoffen. Die Stücke des Lebenspuzzles sind austauschbar. Alles steht zur freien Verfügung: Kurz- oder Langzeitausbildung, Lebensabschnittspartnerschaft oder Ehe, Beziehung mit oder ohne Kinder, Religiosität oder irdische Selbstverwirklichung, Karriere oder Flucht ins Private. Erstmals in der Sozialgeschichte kann die Mehrheit der Menschen in den hoch industrialisierten Ländern frei von unmittelbarer Not über sich verfügen. Das macht Chancen zu immenser Lebensenergie frei. Es schürt aber auch Ängste vor sozialem Absturz, Bindungslosigkeit und Einsamkeit. Die Soziologen Ulrich Beck und Elisabeth Beck-Gernsheim nennen dieses Lebensgefühl der postmodernen und zunehmend posttraditionalen Gesellschaft *Riskante Freiheiten*. In ihrem gleichnamigen Buch (Frankfurt am Main, 1994) sprechen sie von einer *Verdammung* zur Individualisierung: *Der Mensch wird (im radikalisierten Sinne Sartres) zur Wahl seiner Möglichkeiten, zum homo optionis; Leben, Tod, Geschlecht, Körperlichkeit, Identität, Religion, Ehe, Elternschaft, soziale Bindungen – alles wird sozusagen bis ins Kleingedruckte hinein entscheidbar, muss, einmal zu Optionen zerschellt, entschieden werden.*

Heute werden fast zwei Drittel, genauer einundsechzig Prozent, der Scheidungsklagen von den Frauen eingereicht. Wozu dann noch die ganze Plackerei Ehe? Ist sie ein Auslaufmodell? Ein Wegwerfartikel?

Das wäre sicherlich vorschnell geurteilt. Denn gerade die Frauen, die die Scheidung einreichen, haben nicht die Abkehr von der Ehe im Sinn. Sie wehren sich vielmehr gegen ihre Unterdrückung in der traditionellen Hausfrauenrolle und gegen das Packeissyndrom ihrer gefühlskalten Ehemänner. Liebe lässt sich nicht befehlen. Wo sie auf die Dauer fehlt, beendet die Partnerin diese Quälerei. Der Familiensoziologe Höpflinger konstatiert: *Die wachsende Scheidungshäufigkeit lässt sich deshalb als sozio-logische Konsequenz des Sieges der Liebesehe interpretieren.*

Es ist nicht gut, dass der Mensch allein sei. Daher werden sich Menschen, solange sie unseren schönen blauen Planeten bevölkern, immer nach einer verlässlichen Dauerbeziehung mit oder ohne Trauschein sehnen und darum kämpfen. Die Scheidungszahlen lassen sich aber auch positiv interpretieren: Danach haben auf dem Lande zwei von drei Ehen lebenslänglich Bestand, in der Stadt erweist sich jede zweite Heirat als überlebensfähig. Das spricht für das Ernstnehmen der Ehe und die Arbeit an ihr.

Die Sachlage erweist sich noch erfreulicher, wenn man eine demografische wissenschaftliche Erkenntnis berücksichtigt, die der Tübinger Paartherapeut Hans Jellouschek in seinem (überaus lesenswerten) Standardwerk *Wie Partnerschaft gelingt – Spielregeln der Liebe* festhält, nämlich, *dass Eheleute im Durchschnitt noch nie so lange zusammengelebt haben wie heute. Diese Aussage mag überraschen. Sie scheint den Scheidungszahlen direkt zu widersprechen. Dies ist aber nicht der Fall. Denn die durchschnittliche Lebenserwartung ist in den letzten zweihundert Jahren fast um das Dreifache gestiegen. Im achtzehnten Jahrhundert betrug sie nicht einmal dreißig Jahre. Das heißt aber auch: Viel mehr Ehen als heute wurden früher durch den früheren Tod getrennt. Der Satz: „Bis der Tod euch scheidet" hieß damals etwas völlig anderes als heute, denn der Tod beendete häufig das Zusammenleben der Partner schon zu einem Zeitpunkt, da die Mehrzahl der Menschen heute ihr halbes Eheleben oder noch mehr vor sich haben. Die Rede von der Ehe als Wegwerfartikel ist also mindestens sehr ungerecht, denn genau gesehen halten es viel mehr Frauen und*

Männer viel länger miteinander aus, als dies in früheren Zeiten der Fall war.

Die Konsequenz liegt auf der Hand: Wenn wir die Ehe nicht totsagen können, so müssen wir an ihr arbeiten. Die Beziehung ist eine *Baustelle*. Ohne Liebesarbeit verkommt die Liebe, denn sie muss sich zwei schweren, aber auch chancenreichen Herausforderungen stellen. Die erste Herausforderung ist neu, die zweite uralt.

Neu ist die soziale, gefühlshafte und moralische Konstellation der Geschlechter. Längst ist die Frau zur Verdienerin oder doch mindestens zur Mitverdienerin geworden. Sie hat sich damit, besonders im Scheidungsfall, eine gewisse Ebenbürtigkeit und Unabhängigkeit gesichert. Bildungsmäßig nähern sich die Frauen in immer mehr Dienstleistungs- und Produktionsbereichen den Männern an. An den Universitäten studiert bereits eine – hauchdünne – Mehrheit von Frauen. Frauen verfügen über eine hohe Kaufkraft, spielen eine wachsende Rolle in Vereinen, in Kommunalparlamenten, Kirchengemeinden und allen Arten von Mitbestimmungsgremien. Sie prägen das Bild von Schulen, Arzt-, Heilpraktiker- und Rechtsanwaltpraxen. Sie haben, von der Mode bis zur Kulturszene, einen Großteil der früheren Einschränkungen des weiblichen Lebens abgestreift. Auf Grund ihrer Bildung und Selbstständigkeit unterliegen sie längst nicht mehr der kirchlichen Dogmatik und Drohung der „Unauflöslichkeit der Ehe". Frauen sind heute die Meisterinnen ihres eigenen Lebens – und das ist gut so!

Uralt ist die zweite Herausforderung, die jede Art von Langzeitbeziehung schon immer bestehen musste – den *Wandel der Lebenszyklen*. Das ist das Thema dieses Buches, zu dem mich spannende Zuschriften langjähriger Ehepaare erreichten. Ich danke den vielen Frauen und Männern, von deren Konflikten und Entwicklungen ich aus meiner Arbeit als Paartherapeut hier berichte, von ganzem Herzen. Sie alle, die ich natürlich durch veränderte Namen und Retouchierungen von Details unkenntlich mache, werden dem Leser Mut machen. Sie sind Menschen, die die „Expedition Liebe" wagen und, trotz aller schmerzhafter Havarien, wahre Ozeane stürmischer Wetterlagen in der Partnerschaft überquert haben. Hut ab vor Euch, liebe Paare!

Zur Individuation, also zur Ichwerdung des Menschen, hat der Psychoanalytiker Erich Fromm (in *Vom Haben zum Sein*) einmal gesagt: *Ohne Anstrengung und ohne Bereitschaft, Schmerz und Angst zu durchleben, kann niemand wachsen.* Das gilt auch für die *Paarevolution*, das Wachsen der Beziehung. Eine Ehe ist, wenn sie nicht als juristische Totgeburt absterben will, eine *Entwicklungsgemeinschaft*. Sie ist ein *Prozess*, kein Zustand. Liebe ist eine *permanente Revolution*. Sie ist ein Kunstwerk, das zu seinem Gelingen hohe Seelenarbeit erfordert. Liebe ist eine Polarität von gemeinsam erlebtem Glück und

Unglück, Höhen und Tiefen, Krise und Neubeginn, Missverständnissen und Begreifen, Macht und Ohnmacht, Geben und Nehmen, Vertrautem und Fremdem, Gemeinsamkeit und Abgrenzung. Kurz: Liebe ist eine lebenslange, spannende, strapaziöse und beglückende Suchbewegung zweier autonomer *und* abhängiger Individuen.

Es gibt sozusagen nicht *das* Ehepaar. Das ist eine statistische Hilfskonstruktion. Es gibt vielmehr, um es grob zu chronologisieren, das *junge kinderlose Paar,* das *junge Paar mit Kindern,* das *Paar in der Lebensmitte,* das *alte Paar* jenseits des Berufes. In jedem Lebenszyklus kommen auf das Paar neue Aufgaben zu, die es schöpferisch angehen muss. Als Liebende müssen wir unsere Beziehung *gestalten.*

Am Anfang der Liebe steht unsere *Paarvision,* unsere *Paarutopie.* Wie zwei Künstler verabreden wir uns zu einem Werk: Wir haben einen Lebensplan. Wir finden uns als zwei unverwechselbare Menschen mit individuellen Biografien zu etwas Einmaligem zusammen. Das fängt mit dem liebevollen Planen unserer Wohnung oder unseres Hauses, der Inneneinrichtung und dem Garten an. Das setzt sich in der Entfaltung des neuen gemeinsamen Lebensstils und unserer musischen, sportlichen, lebensphilosophischen oder religiösen Lebensentwürfe fort. Das gipfelt meist in der Geburt und dem Heranwachsen unserer Kinder wie in unserer beruflichen Selbstverwirklichung. Wie Künstler aus dem

Unbewussten ihrer Intuition arbeiten, so treten sie auch immer wieder von der Leinwand oder der Skulptur zurück, um das unvollendete Kunstwerk zu begutachten und Korrekturen vorzunehmen. Nicht anders müssen wir als Liebespartner uns immer wieder aus dem Alltagstrott lösen, einen Schritt zurücktreten und fragen, ob unsere Ehe noch vom Traum des Beginnens beflügelt oder bereits in die Monotonie abgestürzt ist. In seiner Schrift *Physiologie der Ehe* mahnt der Romancier Honoré de Balzac: *In der Ehe muss man einen unaufhörlichen Kampf gegen ein Ungeheuer führen, das alles verschlingt: die Gewohnheit.*

Wenn wir von der Liebe als einer Baustelle sprechen, so meinen wir damit auch den Pfusch am Bau. Wir denken an die Fehlleistungen beider Eheplaner. Sie sind zugleich Architekten, Maurer, Installateure und Elektriker am gemeinsamen Beziehungshaus. Hier ist vor Illusionen zu warnen. Die Ehe ist kein Glückspool. Sie ist eine überaus menschliche Einrichtung, von uns schwachen Menschen erdacht und von uns schwachen Menschen ausgeführt.

Wir sollten die Institution Ehe nicht überfrachten. Oft soll alles, was uns jemals im Leben an Verletzungen, Missachtung und Lieblosigkeiten zugefügt wurde, durch die Partnerschaft geheilt werden. Wie eine große Mutter soll sie uns trösten über die Wunden des Ungeliebtseins, die Vaterwunde, die Mutterwunde, bis hin zu den Verletzungen innerhalb der Geschwisterkonstellation.

Ein solcher Glücksanspruch an die Ehe ist eine unrealistische Erwartung. Die Ehe ist keine Therapie, sondern ein Bündnis mit Kompromissen und Unwägbarkeiten. Die Ehe ist auch keine finanzielle oder sexuelle Versorgungsanstalt. Das wäre ein infantiles Bild von Beziehung – wie von einer Hängematte, in die ich mich lege, um mich dann bedienen zu lassen. Damit mache ich meinen Partner zum Dienstleister und missachte ihn in seinen eigenen Bedürfnissen, seiner Eigenheit und seinen Grenzen. Die Schwaben haben für diesen Missbrauch der Ehe ein witziges Sprichwort: *Partnerschaft heißt nicht, dass der Partner schafft.*

Liebesarbeit und *Realismus* gehören wie Zwillinge zusammen. Grundsätzlich müssen wir uns in der Beziehung immer wieder darüber klar sein, dass wir die Ehe auch mit einer anderen Frau, einem anderen Mann führen könnten – dann natürlich mit anderen Akzenten, anderen Problemen, anderen Freuden. Warum ist das so wichtig? Weil wir, auch wenn das weh tut, die Zufälligkeit und Begrenztheit unserer Beziehung realistisch erkennen und einschätzen müssen. Wo wir den Partner zum einzig denkbaren, uns von göttlichen Mächten mythisch zuführten Schicksalsgefährten stilisieren, irrationalisieren wir die Beziehung. Vor allem aber möchten wir den Partner ein für alle Mal in seinem

So-Sein fixieren, wir möchten nicht, dass er oder sie sich ändert! Was passiert aber, wenn der Partner sich als ein anderer herausstellt als die Traumfrau, der Traummann unserer rosaroten Fantasien?

Bernd ist dies widerfahren. Sehen wir uns seinen Fall an. Der freiberufliche Musiker hatte, wie er mir in der Einzeltherapie berichtete, in Ria, einer resoluten Kauffrau, sein *ideales Pendant* (Bernd) gefunden. Er selbst war ein Chaot, der seine Finanzen wie seine Wohnung, seine Kleidung wie sein Auto verschlampen ließ. Ria hingegen war die verkörperte Akkuratesse, Genauigkeit, Sauberkeit und Zuverlässigkeit. Sie brachte Ordnung in sein Leben. Sie erzog ihn zu einer selbstständigen und geordneten Lebensführung. Als Bernd das im Laufe der Jahre in Fleisch und Blut übergegangen war, ging ihm Rias Pedanterie, Fantasielosigkeit und Zwanghaftigkeit, die hinter ihrem Ordnungsprinzip standen, auf die Nerven. Bernd: „Wenn ich am Komponieren bin, lege ich Entwürfe und Notenblätter nach einem eigenen Ordnungsschema auf eine große Arbeitsplatte in meinem Musikzimmer. Kaum bin ich weg zu einem Auftritt, „ordnet" sie die Blätter und legt sie auf einen DIN-A4-Stoß zusammen, so dass ich praktisch wieder neu anfangen muss. Dass Ria meinen, wie sie sagte, „schmuddeligen" Kontrabass, der in Wahrheit eine schöne Alterspatina aufwies, mit einem Möbellack „polierte", war schließlich der Höhepunkt in einer nicht endenden Reihe putzwütiger Übergriffe." So kann Ordnungsliebe zum Ordnungsterror und eine geschätzte Eigenschaft zum Albtraum werden.

Aus dem begeisterten Bekenntnis *Du bist der/die Richtige für mich* kann der unbewusste Imperativ werden: *Du darfst dich nicht verändern. Du musst in alle Ewigkeit das bleiben, was ich bei meiner Partnerwahl an dir schätzte.* Sehen wir uns eine andere Ehekonstellation an.

Friederike, heute fünfundvierzig Jahre alt, lernte diesen *Richtigkeitsanspruch* ihres Mannes als Festschreibung ihrer Persönlichkeit kennen. Weil sie einerseits in ihrer körperlichen Statur mädchenhaft zart und charakterlich anschmiegsam, fast ohne eigenen Willen war, begehrte und liebte ihr Mann Thomas sie. Zwanzig Jahre später hatte sich die „zarte Elfe" zu einer gestandenen Mutter von drei Kindern mit einem Halbtagsberuf als Krankenschwester entwickelt. Friederike war inzwischen vollschlank und selbstbewusst. Was tat Thomas? Er flüchtete in eine Außenbeziehung mit einer – zarten – Studentin! Nun saßen Thomas und seine Frau unglücklich in meiner Praxis. Friederike weinte. Denn auch sie hatte Thomas für den *einzig Richtigen* gehalten: „Er erschien mir, auch weil er sieben Jahre älter war als ich, ungeheuer gescheit, souverän und weisungsbefugt. Ich fühlte mich ja nur als kleines Küken. Inzwischen bin ich stärker geworden als er. Vor allem musste ich feststellen, dass sich hinter seiner „Souveränität" viel autoritäres Gehabe,

Rechthaberei und Inkonsequenz versteckt. Er war vielleicht damals der Richtige für mich und meine autoritären Vorstellungen von der Ehe – Mann befiehlt, Frau gehorcht. Jetzt trete ich für Geschlechterdemokratie in der Ehe ein."

Die Überforderung des Eheideals als einer Versorgungseinrichtung für alle Zeiten, züchtet in uns unrealistische Erwartungen. Die Ehe ist auch keine Versicherung gegen die Einsamkeit, wie wir oft hoffen. *Wenn du mich heiratest, werde ich nie allein sein,* glaube ich in den Verzückungen des Honeymoon. *Forever together, auf alle Zeiten zusammen,* lautet meine Parole. Meine Frau, mein Mann soll nur Ehepartner sein dürfen und kein Leben darüber hinaus haben.

„Ich verstehe nicht, warum mein Mann seinen Männerstammtisch braucht, er hat doch mich", beschwerte sich einmal entrüstet eine Klientin bei mir. Sie meinte: „Bei uns zu Hause ist es doch viel schöner als in der verräucherten Kneipe. Ich mache es ihm so schön. Ich koche ihm das Beste und stelle ihm jeden Abend sein Bier auf den Tisch. Wozu verlässt er mich dann?!"

Baustelle Beziehung – das bedeutet, den Partner als einen anderen, ja Fremden zu akzeptieren. Er ist, wie ich, mit seiner Ichwerdung beschäftigt und wird damit nie zu Ende kommen. Seine Lebensaufgabe erschöpft sich nicht darin, mein Lebenspartner zu sein. Außerdem ist er nicht nur das, was er im Moment ist. Er ist vielmehr Potenz und Virtualität. Das heißt, er ist immer auch das, was er noch *werden* kann. Er und ich müssen die jeweils eigene Einsamkeit zulassen und aushalten. Wir dürfen uns darüber nicht mit einer klebrigen Beziehung hinwegmogeln. Rainer Maria Rilke nennt eine gute Ehe die, *in welcher jeder den anderen zum Wächter seiner Einsamkeit bestellt.*

Baustelle Beziehung – das bedeutet, mich den Wandlungen der Paarevolution zu stellen und immer neue Paarsynthesen zu wagen. Der aus Deutschland emigrierte Psychoanalytiker Erik Erikson rückte die Entwicklungspsychologie des Erwachsenenalters in den Mittelpunkt seines wissenschaftlichen Interesses. In Werken wie *Kindheit und Gesellschaft* (1950), *Identität und Lebenszyklus* (1959) und *Der vollständige Lebenszyklus* (1982) erforschte er die Leitthemen im Entwicklungsprozess. Für die Entwicklungspsychologie des Paares mögen die drei Entwicklungsstufen des Erwachsenseins bedeutsam sein. Allerdings werden wir damit nicht den gesamten komplizierten Entwicklungsgang erfassen. Erikson spricht vom *jungen Erwachsensein,* vom *mittleren Erwachsensein* und *vom Alter.*

Die junge Frau/der junge Mann hat sich in der Phase des gerade Erwachsenseins von seinem Elternhaus, den Normen der Vergangenheit und der

Zeit wilder Rollenexperimente gelöst. Jetzt steht die Reifeprobe aufs Exempel an: Der Beruf, die Heirat, die Gründung einer Familie, gewissermaßen die Schaffung eines selbst gewählten beruflichen und privaten Kosmos. Nach Erikson geht es in dieser Phase darum, die Spannung *Intimität gegen Isolierung* zu lösen, also um Bindungsfähigkeit und Liebe. Ich muss der jugendlichen Phase und ihren tausenden Lebensmöglichkeiten nachtrauern. Ich muss sie aber auch abschließen. Das alte Leben war aufregend, doch die Zeit des Experimentierens ist nun vorbei. Verharre ich dennoch in dieser stürmischen und unverbindlichen Orientierungsphase, so laufe ich noch als Erwachsener wie ein ewiger Jüngling, ein nicht alterndes Mädchen durchs Leben und suche vergeblich nach meinem Sinn.

Mit einer gefestigten Identität gewinne ich, statt isoliert wie ein Steppenwolf durchs Leben zu traben, eine wirkliche Intimität zum anderen Geschlecht (oder in einer gleichgeschlechtlichen Beziehung) und zur Welt. Ich kann ohne die Gefahr eines Identitätsverlustes die Verbindlichkeit zu einem anderen Menschen wagen. Es stehen tiefe Bindungen und Partnerschaften an, erstmalig langfristig verbindliche Formen *von Freundschaft, Wettstreit, Gefolgschaft, Liebe und Inspiration* (Erikson).

Mit einem Partner „bastele“ ich eine gemeinsame Biografie. Ich wachse hinein in soziale Fantasie und Verantwortung. Arbeitsdisziplin, Beziehungsfähigkeit, Partnerschaft und Beruf prägen mich. In der Ausbildung gewinne ich prägnante Konturen. Ich bin in meinen beruflichen Aktivitäten und in meinem privaten Engagement wahrnehmbar. Ich bin beziehungsfähig zur Welt. Ich bin nicht länger mehr nur ein Nehmender wie als Jugendlicher, sondern auch ein Gebender. Zusammen mit dem Partner komponiere ich die Grundmotive meiner Lebenssinfonie. Eltern und Geschwister verblassen in ihrer Bedeutung für mich. Ich erfülle Sigmund Freuds Grundformel der gesunden Persönlichkeit: *arbeiten und lieben*.

Manchmal stagnieren Frau und Mann in ihrer jungen Partnerschaft. Sie ist noch ein bisschen der zickige Teenager, er ist vielleicht ein Spätentwickler, dem „Hotel Mama" noch nicht so recht entwöhnt. Das junge Paar hat also eine ebenso schlichte wie schwierige Aufgabe zu lösen: Es muss erwachsen werden.

Im mittleren, „generativen" Erwachsenenalter stellt uns das Leben nach Erikson in die Spannung *Zeugende Fähigkeit gegen Stagnation*. Wir streben nach Produktivität und Fürsorge für Kinder oder für unsere „kreativen Geburten". Erikson: *Generativität ist in erster Linie das Interesse an der Erzeugung und Erziehung der nächsten Generation, wenn es auch Menschen gibt, die wegen unglücklicher Umstände oder auf Grund besonderer Gaben diesen Trieb nicht auf ein Kind, sondern auf eine andere schöpferische Leistung richten, die ihren Teil an elterlicher Verantwortung absorbieren kann.*

Nun stellt es sich heraus, ob ein Paar sich weiter entwickelt und Neues schafft. In dieser Phase des mittleren Erwachsenenalters, die etwa vom dreißigsten bis zum fünfundfünfzigsten Lebensjahr währen mag, entscheidet es sich, ob das Paar und jeder Einzelne seine Schöpferkraft entfaltet, sesshaft wird und selbst zu einem Teil der spendenden, gewährenden Natur wird. Manche Paare verbummeln diese Sommerzeit ihrer Liebe und stagnieren.

„Was haben wir eigentlich aus unserem Leben gemacht", so schluchzte Erika, eine achtundfünfzigjährige Hausfrau, in der Paartherapie: „Mein Mann arbeitete jahrzehntelang hoch bezahlt als technischer Leiter auf Baustellen in Nahost und Asien. Manchmal habe ich ihn begleitet, oft bin ich zu Hause in unserem großen schönen Haus geblieben. Ihm zuliebe habe ich auf Kinder verzichtet. Das passe nicht in sein arbeitsames Leben im Ausland, meinte er. Ich habe aber auch auf meinen eigenen Beruf verzichtet und ganz brav das Haus gehütet. Was gab es da überhaupt zu hüten? Jetzt stehe ich da, habe keine Kinder und keine Enkelkinder. Kaum war mein Mann auf Rente, da bekam er seinen ersten Schlaganfall. Jetzt zittere ich um sein Leben und um unsere Zukunft. Das soll alles gewesen sein?"

Erika hat mit ihrem Schmerzensschrei das große Thema des *alten Paares* angeschlagen. Alter bedeutet nach Erik Erikson: *Integrität gegen Verzweiflung*. Spätestens jetzt steht für das Paar eine Inventur an: *Wir sind, was wir geworden sind.* Aber was ist, wenn wir aus unserer Liebe und unserem Leben nichts gemacht haben? Das Alter präsentiert uns die Quittung dafür, ob wir *Liebesarbeit* geleistet haben oder ob wir unsere ursprünglichen Paarutopien verfehlt haben. Diese Inventur ist dringlich. Denn die Zeit ist knapp geworden. *Unser Leben ist ein Fluss,* sagt der spanische Lyriker Garcia Lorca, *der sich ins Meer ergießt, das Sterben heißt.*

Aber auch jetzt hat das Paar noch die Chance, wenig gelebtes und schlecht genutztes Leben durch ein glückhaftes Altersfinale aufzuwerten, statt das Gift der Verzweiflung zu trinken. Auch das Alter bedeutet in der Beziehung noch Auseinandersetzung und Bemühung um Kreativität, Spontaneität, Toleranz und Neugier gegenüber dem Leben, Verantwortung für das Gemeinwohl, Selbstbejahung, Achtsamkeit und Zärtlichkeit für den anderen.

In *Die Unschuld des Werdens* konstatiert Nietzsche: *Die Ehe ist genauso viel wert als die, welche sie schließen.* Das vermittelt positiv und überaus realistisch Marie in ihrem Brief: „Wir sind ein ‚älteres Ehepaar'. Mein Mann ist siebzig, ich bin fünfundsechzig Jahre alt. Wir haben fünf Kinder großgezogen, die in alle Winde verstreut sind. Wir haben vier

Enkelkinder." Marie war knapp achtzehn, als sie ihren Mann kennen lernte. Dem vaterlosen Mädchen gefiel, dass er „älter und reifer als ich war." Schön war auch, dass er Theologie studierte, beide gleiche Interessen verfolgten und sich einig darin waren, „gute Pfarrersleute" sein zu wollen. Der Zauber der ersten Begegnung war unerlässlich: „Wir liebten beide Musik, wir gingen beide gern in Museen, besuchten fremde Städte und schauten uns gerne historische Bauten an, besonders liebten wir gotische Kirchen. Es war schön, in vielen Punkten ‚ein Herz und eine Seele' zu sein."

Der Mann ging ganz in seinem Beruf auf. Er war wenig präsent im familiären Alltag. Marie akzeptierte diese Rollenteilung. Außerdem war ihr Mann dominant: „Er konnte immer so gut reden und sich verteidigen, dass ich dann nicht länger widersprach. Im Gegenteil, bedingt durch die Einsamkeit, machte ich mir Gedanken und fand mich selbst oft nicht gut genug. Aber dank unserer drei kleinen Kinder war ich sehr gefordert und konnte mich nicht in Depressionen verlieren. Den Kindern wollte ich eine gute Mutter sein."

Wie viele Paare mussten auch Marie und ihr Mann das ABC der Sexualität erst buchstabieren lernen: „Wenn ich eines verraten darf – nach dem dritten Kind spürte ich zum ersten Mal einen Orgasmus. Ich war über mich selbst erschrocken. Mein Mann fand das gut, und dann konnte ich es auch begrüßen."

Was sind die Stärken dieses Paares? Marie: „Mir gefällt nach wie vor sein Humor am meisten. Mich fasziniert, dass er so gut reden, beziehungsweise sich auch so gut herausreden kann. Er gefällt mir als besondere Persönlichkeit, die auf andere Leute einen kompetenten Eindruck macht. Er gefällt mir als ‚kleiner Junge', der öfters den Rat seiner Frau einholen muss. Auch seinen Körper mag ich nach wie vor, besonders seine Hände. Unsere Stärke ist infolgedessen, dass wir ganz gut zusammenleben."

Konflikte und Schwächen sind auch in dieser Ehe nicht ausgeblieben. Maries Mann erlitt im Alter einen Schlaganfall mit linksseitiger Lähmung; geblieben ist ein Humpeln, eine langsamere Auffassungsgabe. Das erfordert von Marie Geduld. „Es ist nach wie vor mein Kummer, dass er es nie vermocht hat, sich einmal in mich hineinzudenken. Es stellte sich in der mittleren Phase unserer Ehe heraus, dass er für meine neu beginnenden Interessen, als die Kinder älter wurden, kein Verständnis hatte. Das war schmerzlich. Er hat mich wohl gerne einmal verreisen lassen, das ja! So konnte ich mit Hilfe meiner Mutter die Ausbildung zur Gesundheitsberaterin machen, aber er hat keinen Anteil daran genommen; im Gegenteil, er hat gestichelt, wo er konnte. Zehn Jahre sang ich in einem größeren Chor mit. Mein Mann kam nie, um sich ein Konzert anzuhören, das wir aufführten. Damals litt ich sehr darunter, aber ich sagte mir, dass ich irgendwie damit zurechtkommen musste. Vielleicht ist es gut, dachte ich, dass ich mehr ‚ich selber werden muss'."

Marie könnte sich nicht vorstellen, sich von ihrem Mann zu trennen: „Ich mag ihn noch! So ist das mit einem ‚älteren Ehepaar'!! Es ist nicht alles ideal, und manchmal kommen alte Schmerzen hoch, aber es wird weniger. Wir sind im Ganzen versöhnt miteinander, denn schließlich sind wir im gleichen Glauben an die Versöhnung durch Christus mit Gott verbunden."

Insgesamt lässt Marie ihre Ehe mit dem liberalen Theologen und philosophisch gebildeten Mann „mit Dankbarkeit auf mein Leben zurückblicken."

In Zeiten der Unverbindlichkeit und postmodernen Beliebigkeit ist die Liebe eine ernste Sache. Die Ehe ist ein ständiger Veränderungsprozess. Immer wieder muss die Liebe auf den Prüfstand. Einen Menschen das ganze Leben zu lieben, übersteigt oft unsere Möglichkeit. Hier kann eine Trennung Erlösung bedeuten. Dann müssen wir in einer zweiten oder gar dritten Beziehung weiter lernen. Wenn wir aber das Abenteuer der Liebe wagen, dann sind wir auf der Baustelle des Eros gefordert wie in keiner anderen Beziehung. Der Psychoanalytiker Alexander Mitscherlich würdigt (in seiner Studie *Auf dem Weg zur vaterlosen Gesellschaft*) diese heroische Anstrengung mit den Worten: *Nicht, wer die Menschheit, wer die Partei oder sonst eine Abstrak-*

tion, nicht, wer allein die Madonna oder ein anderes Numinosum (göttlich Übersinnliches – M.J.) *liebt, ist kultiviert, sondern wer erst einmal einen Menschen lieben kann, durch alle Spannungen ambivalenter Erlebnisse hindurch, die er mit ihm haben wird.*

Das Geheimnis der Partnerwahl

Wir alle benutzen einander
und nennen es Liebe,
und wenn wir einander nicht benutzen können,
nennen wir es Hass.

Tennessee Williams
Plötzlich im letzten Sommer

Eine Beziehung stellt immer eine Kombination zweier Lebensgeschichten dar. Das gilt im Positiven wie im Problematischen. Unsere seelische Biografie ist durch *Urvertrauen* (Erik Erikson) oder *Urmisstrauen* geprägt, durch die Liebe und die Angst. Daraus bilden sich, wie Fritz Riemann in seinem Jahrhundertwerk *Grundformen der Angst* eindrucksvoll gezeigt hat, die vier Elementarformen der Charakterbildung: schizoid, depressiv, zwanghaft, hysterisch.

In der Beziehung stoßen von Seiten der Frau wie des Mannes individuelle Angstbereitschaften, bestimmte Lustbereitschaften und jeweils eigene Abwehrhaltungen aufeinander. Das ergibt eine einzigartige affektive Mischung – jede andere Partnerschaft würde eine andere, vermutlich ebenso komplizierte, hochexplosive Mischung ergeben. Daher gibt es auch keine andere Beziehung auf diesem Planeten, die unserer gleicht. Eben das macht das

ZUR HOCHZEIT HABE ICH FÜR DICH EINE TOLLE ÜBERRASCHUNG
399.-

Geheimnis der Partnerwahl aus: Es steckt im Unbewussten. Manchmal erkennen wir es Jahre später, vor allem in der Krise, manchmal nie.

Die Vielzahl der Schnittmuster für die unbewusste geheime Partnerwahl ist unerschöpflich. Wir können uns hier nur einige Paarkonstellationen, ihre Erfolgsmuster und die Mechanismen ihrer Störungen anschauen. Es bleibt für dich, liebe Leserin, lieber Leser, eine detektivische und folgenreiche Aufgabe, deine „Liebe auf den ersten Blick" und ihre verborgenen Motive zu durchschauen und für deine Beziehung Konsequenzen daraus zu ziehen. In der Liebe, so viel steht fest, brauchen und gebrauchen wir uns. Nietzsche beobachtet (in *Jenseits von Gut und Böse*): *Liebe bringt die hohen und verborgenen Eigenschaften eines Liebenden ans Licht – sein Seltenes, Ausnahmsweises: Insofern täuscht sie leicht über das, was Regel an ihm ist.*

Der verstorbene Paartherapeut Michael Lukas Moeller spricht von sechs unsichtbaren Hauptwurzeln jedes Paares. Das sind die jeweiligen Mutterbeziehungen von Frau und Mann, die beiden Vaterbeziehungen und die beiden Elternpaarbeziehungen (*Wie die Liebe anfängt*, Reinbek bei Hamburg, 2002). Dieser Familienhintergrund hat eine eigene massive Schwerkraft. Er wirkt mit seinen Botschaften, Stimmen und Weisungen in das aktuelle Paargeschehen hinein. Das innere Kind des Mannes und der Frau hütet diese verborgenen Aufträge aus der

Herkunftsfamilie treu. Die Zahl dieser Aufträge ist unendlich.

Ein Auftrag zum Beispiel lautet: *Du sollst nie eine Ehe beenden.* Joachim, ein zweiundvierzigjähriger Facharzt, verheiratet, studierende Tochter, suchte mich wegen dieses Dilemmas auf. Seine Frau Irene, gelernte Arzthelferin, war seit elf Jahren Alkoholikerin. Trotz schwerer Zusammenbrüche, körperlicher und seelischer Verwahrlosung weigerte sie sich, auch in einer gemeinsamen Sitzung bei mir, zum Entzug in eine Klinik zu gehen und sich einer Therapie zu stellen. Es half auch nichts, dass ich ihr das weise Wort der Anonymen Alkoholiker zitierte: *Es ist keine Schande, alkoholkrank zu sein, es ist eine Schande, nichts dagegen zu tun.* Irene war uneinsichtig. Die eigene Tochter hatte sich von ihr abgewandt, die Verwandtschaft mied sie. Irene liebte inzwischen die Flasche mehr als ihren tüchtigen und warmherzigen Mann. Joachim drohte Irene immer wieder, sie zu verlassen, wenn sie das Trinken nicht aufgäbe. Aber er verließ sie nie. Genau das spürte Irene.

In der Suchttherapie nennt man das die *Co-Abhängigkeit* des Alkoholikerpartners. Er versucht, den Kranken zu therapieren, er kreist um ihn wie der Mond um die Erde. Er versäumt darüber sein eigenes Leben. Er setzt sich auch nicht mit seinen eigenen seelischen Defiziten auseinander. Der Partner ist ja das Dauerthema. Genau mit diesem Helfersyndrom wird der Co-Abhängige zum Komplizen des Alkoholabhängigen. Er verhindert dessen Selbstinitiative und damit dessen Heilung. Denn solange der Alkoholiker, bei allem Schimpfen seines Partners, spürt, dass dieser ihn nicht verlässt und ihn nicht definitiv mit den Konsequenzen seines Trinken konfrontiert, kann er ja weitermachen.

Bei Joachim hatte die bedingungslose (!) Bindung an die süchtige Irene gleich zwei verborgene Elternmotive. Schon sein Vater, ebenfalls Arzt, war bis in das Privatleben hinein ein Helfer gewesen. Er hatte Joachims Mutter als eine lebensuntüchtige Frau geheiratet, um, wie er später dem Sohn gestand, dieser Frau auf die Beine zu helfen. Immer wieder hämmerte er dem kindlichen und jugendlichen Joachim ein, es sei Männeraufgabe, schwachen Menschen, besonders Frauen, unter allen Umständen zu helfen, bis zur Selbstaufgabe.

Genau das praktizierte Joachim während seines Studiums in einer Art geheimem Wiederholungszwang mit seiner Partnerwahl: Die labile und unselbstständige Irene löste zuverlässig seinen Helferinstinkt aus. Zum anderen verbot ihm ein Mutterauftrag, sich von Irene zu trennen. Seine Mutter hatte sich nämlich in eine Liebesaffäre mit einem anderen Mann gestürzt, war Hals über Kopf aus der Ehe ausgebrochen und hatte im Eilverfahren die Scheidung von Joachims Vater durchgesetzt. Als der Liebhaber sich als ein windiger erotischer Draufgänger erwies und sie alleine ließ, versuchte sie, die Scheidung rückgängig zu machen und ihren früheren Mann wieder zu heiraten. Doch der lehnte, gekränkt bis ins Mark, eine Versöhnung ab.

Jetzt bereute Joachims Mutter die Scheidung, die sie sozial absteigen ließ und ihr Einsamkeit bis an das Lebensende bescherte, tief. Immer wieder warnte sie den damals zehnjährigen Sohn unter herzzerreißendem Schluchzen: „Ehen werden im Himmel geschlossen. Wir dürfen sie auf Erden nicht lösen. Die Folgen sind fürchterlich." Jahrzehnte später, mit Irene in einer unheilvollen Symbiose verstrickt, hielt sich der getreue Joachim, unbewusst und von Bestrafungsängsten gepeinigt, an die Aufträge von Papa und Mama.

In der Paartherapie ist es immer wieder spannend und bewegend mitzuhelfen, dass Frau und Mann die Folgen des elterlichen Verhaltens in sich erkennen, beweinen, bewüten und letztendlich beenden. Da folgt die Tochter einer vom Ehemann enttäuschten Mutter dem Auftrag, allen Männern und besonders dem eigenen Partner zu misstrauen und ihn schlecht zu behandeln.

Da fungiert der Mann gegenüber seiner ahnungslosen Frau ungewollt genau als der abwertende Vater, den er als Junge so sehr gehasst hat.

Da hat die Frau, als sie ein kleines Mädchen war, gespürt, dass sie nur dann geliebt wurde, wenn sie

„brav“ und „herzig“ war – prompt ist sie als Ehefrau konfliktscheu und überangepasst, weil sie sich nur so liebenswert fühlt. Damit schiebt sie den Partner zugleich in die Position des disziplinierenden Eltern-Ichs.

Da hat der Mann die Erfahrung gemacht, dass ihn die Mutter geklammert und in ihrer symbiotischen Verschmelzung förmlich erstickt hat. Folglich hat er als Erwachsener Angst vor Nähe, wehrt ab und sorgt für schroffe Distanz. Die Ehefrau, die seine Selbstständigkeit durchaus respektiert, versteht die Welt nicht mehr...

Unsere Eltern und ihre Beziehungsrepertoires sind tief in uns verankert. Aus ihnen entwickelt sich, wie der Transaktionsanalytiker Eric Berne zeigt, das Skript oder der Lebensplan, das Modell späterer Einstellungen, Erwartungen, Verhaltensweisen und Paarmodalitäten. Die Ausrichtung des inneren Kindes bestimmt die Beziehungen bis in die Sexualität hinein. Wenn sich beide erwachsenen Partner gegen die elterlichen Positionen des anderen wehren müssen, entstehen zähe Kämpfe. Gleichzeitig machen wir mit den übernommenen Elternrollen den anderen klein. Aber was können wir tun gegen dieses störrische Kind-Ich?

Die Antwort kann nur lauten: Diese untauglichen Botschaften an die Absender zurückzuschicken. Das verlangt, dass man sie überhaupt erst einmal begreift und aus dem Dauerclinch mit dem Ehepartner aussteigt. Dann kann man der Mutter, dem Vater einen imaginären Brief schreiben. Imaginär heißt, dass man ihn zwar schreibt, aber ihn dem noch lebenden Elternteil nicht aushändigt, weil er gar nicht in der Lage wäre, angemessen zu antworten. Für die Frau mit dem Männerhass wäre es etwa wichtig zu schreiben: „Liebe Mutter, es stimmt nicht, dass die Männer alle nichts taugen und nur das Eine wollen. Ich gebe dir deine bittere Botschaft, die aus deiner Lebensgeschichte resultiert, zurück. Ich will von nun an die Männer im Allgemeinen und meinen Mann im Besonderen liebevoll wahrnehmen."

Ein Mann, der Angst hat, seine Gefühle zu zeigen, könnte seinem Vater schreiben: „Lieber Vater, du meintest immer, wenn man sein Inneres preisgäbe, dann nützten die Frauen dies aus und brächten einen in ihre Abhängigkeit. Ich mache jetzt mit meiner Frau ganz andere Erfahrungen. Sie freut sich über meine Offenheit. Sie steht mir bei, wenn mir die Tränen kommen. Deine negative Botschaft gebe ich dir hiermit zurück. Ich will von nun an offen in die Liebe gehen."

Oft beruht das Geheimnis der Partnerschaft auf einem eigenen Defizit:

Weil ich so schizoid, das heißt gefühlskarg, bin, brauche ich dich, du Kachelofen auf zwei Beinen.

Weil ich so depressiv getönt und ich-schwach bin, brauche ich dich verschlossenen starken Partner.

Weil ich mich lebensuntüchtig fühle, brauche ich dich „Alpha-Tier“, da du schon als ältestes deiner Geschwister das Führen und Verantwortlichsein gelernt hast.

Weil du sexuell so ein Draufgänger bist, tust du mir, dem verklemmten Mauerblümchen, gut.

Weil du ein zuverlässiger Mensch und Beamter bist, erlöst du mich von meinen Existenzängsten und Verarmungsfantasien.

Weil ich so pedantisch bin, bringst du mit deiner hysterischen Lebensinszenierung Glanz in meine bescheidene Hütte.

Weil ich wie ein Schmetterling von Blüte zu Blüte fliege und keinen realen Boden unter meinen Füßen finde, bringst du mit deiner Penibilität Ordnung in mein Leben.

Weil ich als Diplomingenieur so nüchtern und technisch angelegt bin, bringst du mir als Kunstlehrerin die Musen in meinen nüchternen Alltag.

Weil ich so unsportlich und vergeistigt bin, bringst du mir Körperlichkeit und Lebendigkeit in mein Leben.

Weil ich zwei linke Hände habe, ist mir dein handwerkliches Multitalent eine wichtige Ergänzung in meinem Leben.

Weil ich so ernst und spröde bin, bedeuten mir dein Lachen und dein Humor eine einzige Aufhellung meines Daseins.

Weil ich ängstlich und risikoarm bin, machen dein Abenteuerblut und deine Tollkühnheit mein Leben reich.

Das Geheimnis der Partnerwahl entschlüsselt sich, rückwirkend betrachtet, oft in der Initialszene der Begegnung des ersten Augenblicks. Eine Klientin erzählt mir: „Ich lernte meinen Mann im Zug kennen. An seiner Jacke fehlte ein Knopf, und er trug eine dunkelgraue und eine hellgraue Socke. Das stimmte mich mitleidig. Ich dachte: Dem armen Mann muss geholfen werden!" Wen wundert es, dass diese Ehe zu einer Mutter-Sohn-Übertragung geriet und die Sexualität nach wenigen Jahren erst einmal versickerte?

Ein erfolgreicher Kaufmann lernte seine Frau ausgerechnet bei einem kleinen Verkehrsunfall kennen. Sie hatte mit ihrem Kleinwagen seinen großen Mercedes touchiert. Das war keine Katastrophe, aber seine spätere Frau war in Tränen aufgelöst. Sie konnte sich gar nicht mehr beruhigen: „Ich habe sie dann zu einem Kaffee eingeladen und legte ihr meine Arme väterlich um ihre Schultern. So ist es denn auch in unserer Beziehung geblieben."

Stefanie kam in den 50er Jahren, zusammen mit ihrer geschiedenen Mutter, aus der DDR in die bayerische Provinz. Mutter und Tochter waren arm wie die Kirchenmäuse, außerdem protestantische Außenseiter in einer erzkatholischen Kleinstadt. Als Auszubildende in der Gastronomie lernte sie den Sohn der größten Brauereifamilie der Region kennen. „Dass er mich liebte und heiratete, war für mich wie die Überreichung des Bundesverdienstkreuzes. Ich arme Zugereiste und Kellnerin gehörte plötzlich zur Highsociety der Stadt. Ich zog in eine schicke Villa ein und hatte sogar Personal „unter" mir. Das blendete mich derart, dass ich gar nicht auf die Idee kam, mir den Charakter meines Mannes anzuschauen oder gar die Frage zu wagen, ob er mich verdient hätte." Stefanie widerfuhr das uralte Aschenputtelschicksal der Mädchen ohne Selbstwertgefühl, frei nach dem Aphorismus des Dichters Jean Paul Richter: *Er heiratete sie, weil er sie liebte. Sie liebte ihn, weil er sie heiratete.*

Markus, ein Studienrat, lernte seine Frau Carola kennen, als sie ihm bei der täglichen Pendelfahrt im Zug Akten studierend gegenüber saß. „Sie wirkte so energiegeladen, so dominant und damit so attraktiv auf mich. Meine Mutter war so eine Frau gewesen, Abteilungsleiterin, immer in Aktion, hochkonzentriert und Autorität ausstrahlend. Dieses Mutter-Imago sprach mich auf der Stelle an, der Funken zündete. Dass sich Markus, wie er es bereits als Kind der übermächtigen Mutter gegenüber getan hatte, sich selbst wie unter Zwang der aktenkundigen Beamtin mit Haut und Haaren unterwarf und dabei seine ohnehin schwach ausgebildeten männlichen Konturen verlor, das wäre die Fortsetzungsgeschichte...

Eine Initialszene besonderer Art erlebte Rudolf, heute Zahntechniker, bereits um die vierzig. Er war ein so genanntes Schattenkind gewesen, als zweitjüngstes unter fünf Geschwistern wenig beachtet, von mildem Stottern und einer leichten motorischen Störung geprägt. Bis zum fünfundzwanzigsten Lebensjahr hatte er mit keiner Frau geschlafen, ja noch nicht einmal einen Kuss von einem weiblichen Wesen ergattert. Da passierte ihm Wunderliches auf einem Schützenfest. Bis Mitternacht stand er allein herum und hielt sich an seinem Bierglas fest. Wie immer traute er sich nicht, eine Frau zum Tanzen aufzufordern. Da nahmen ihn plötzlich die Augen von Bärbel ins Visier, strahlend wie tausend Watt, unmissverständlich. „Ich war verzaubert. Ich habe mich erst einmal umgedreht, ob sie vielleicht einen Mann hinter mir fixierte. Doch da war keiner. Sie nahm *mich* zum Tanz! Sie legte die Arme um mich, zog mich an sich. Sie streichelte mich. Sie küsste mich. Später, auf dem Nachhauseweg, hat sie mich geknutscht, dass mir Hören und Sehen verging. Ich bekam eine mächtige Erektion. Ich schämte mich dafür und war doch zugleich selig vor Freude. Ein viertel Jahr später haben wir uns verlobt, ein Jahr später geheiratet. Heute haben wir zwei Kinder und sind glücklich."

Was aus der Situation nicht hervorgeht, schob Rudolf nach: „Was ich allerdings bei dieser wahnsinnigen Liebesbegegnung nicht wusste, waren zwei Dinge: Bärbel hatte schwer Bier getankt und war voll wie eine Strandhaubitze. Als westfälische Bauerntochter war sie deftige Umtrünke gewöhnt. Vor allem aber hatte sie einen Zorn im Bauch. Denn ihr

Freund hatte sie vier Wochen zuvor verlassen und war ihr an diesem Abend im Schützenzelt mit seiner neuen Freundin begegnet. Sie war eine alte Schulfreundin von ihr. Bärbel kochte vor Wut. Vom Alkohol beflügelt, beschloss sie, es ihrem Ex-Freund zu zeigen. Sie zog mich an Land und küsste mich auf der Tanzfläche demonstrativ vor den Augen des Ex-Lovers ab, bis dieser das Zelt verließ. Aber das habe ich damals nicht gewusst. Sie ihrerseits konnte bei ihrem erotischen Feldzug, zu dem sie mich ‚missbrauchte', nicht ahnen, dass sie mit ihren hingebungsvollen Küssen ein männliches Dornröschen aus dem erotischen Tiefschlaf erlöste."

Vielfach enthält das Geheimnis der Partnerwahl auch eine unbewusste Vermeidungsstrategie. In einer Gruppentherapie berichtete Lydia, warum es zwischen ihr und ihrem Mann Helmut auf die Dauer nicht klappte: „Ich war ein hübsches, aber schüchternes Mädchen. Vom zehnten bis zum dreizehnten Lebensjahr wurde ich vom Freund meiner geschiedenen Mutter sexuell missbraucht. Ich wagte es nicht, mich meiner Mutter zu offenbaren. Sie lehnt mich ab, weil sie mich während ihrer Ehe von einem Gast empfangen hatte – wir hatten eine Pension – und deswegen von ihrem Mann verlassen worden war. Meine Sexualität wurde zu einer verborgenen Katastrophe. Seitdem mein sexueller Wille gebrochen worden war, konnte ich nicht mehr Nein sagen. Ich fühlte mich minderwertig und beschmutzt. Ich schlief bereits mit sechzehn Jahren mit jedem Mann, der mich wollte. Ich suchte bei den Männern nach etwas Liebe und Geborgenheit, bekam aber durch mein Verhalten nur Sex. Mit neunzehn unternahm ich nach einer meiner vielen miesen Affären einen Selbstmordversuch. Ich glaube, es war ein verborgener Hilfeschrei. Doch keiner verstand ihn.

Danach ging ich in das andere Extrem, ich wurde sozusagen geschlechtslos und hielt mich fast fünf Jahre von allen Männern fern. Dann lernte ich Helmut kennen. Er war ein verschlossener Einzelgänger und arbeitete als Installateur im väterlichen Betrieb. Eigentlich war er ein braver großer Junge, der sich nicht in die Welt wagte. Er hatte noch nie eine Freundin gehabt. Ihn wählte ich mir zum Mann, weil mir von ihm, wie ich heute erkenne, wenig sexuelle Ansprüche drohten. Umgekehrt muss auch er meine erotische Zurückhaltung gespürt haben. Sie erlaubte es ihm, mit seiner schwachen Männlichkeit seelisch bei mir zu überwintern. Statt uns als Frau und Mann herauszufordern, ließen wir uns in einem – faulen – Frieden. Auf die Dauer hat mich das depressiv gemacht. Die von meinem Hausarzt verschriebenen Psychopharmaka helfen mir nicht mehr. Ich muss endlich eine Frau werden. Deswegen bin ich hier.“

Eine unbewusste Vermeidungsstrategie verfolgte auch Georg, den ich in einer meiner Männerselbsterfahrungsgruppen kennen lernte. Dreißigjährig hatte er sich mit der fünf Jahre älteren Susanne liiert, die zwei Kinder aus ihrer ersten Ehe in die Beziehung einbrachte. „Es war die erste Frau, mit der ich zusammen lebte. Ich zog direkt von zu Hause zu ihr. Bisher hatte meine Mutter rund um die Uhr für mich gesorgt. Sie bügelte meine Wäsche, räumte mein Zimmer auf, machte mein Bett, bekochte mich. Meine Eltern nahmen mich sogar mit in ihre Urlaube. In Susanne fand ich sozusagen meinen Muttterersatz. Sie wiederum adoptierte mich als drittes Kind. Jetzt will sie nicht mehr. Unsere Beziehung steckt in einer Krise. So kann es nicht weitergehen. Meine Frau hat mich hier ins Seminar geschickt. *Werde endlich erwachsen* hat sie zu mir gesagt."

Nicht selten entpuppt sich die Partnerwahl später als eine verborgene Angstkoalition. Der Schweizer Schriftsteller Max Frisch beschreibt in seinem berühmten Roman *Stiller* (1954) so eine Konstellation zwischen den Liebenden, die beide, jungianisch gesprochen, einen schwachen Ich-Komplex haben: *Als Fremder hat man den Eindruck, dass diese zwei Menschen, Julika und der verschollene Stiller, auf eine unselige Weise zueinander passten. Sie brauchten einander von ihrer Angst her. Ob zu Recht oder Unrecht, jedenfalls hatte die schöne Julika eine heimliche Angst, keine Frau zu sein. Und auch Stiller, scheint es, stand damals unter einer steten Angst, in irgendeinem Sinn nicht zu genügen. Es fällt auf, wie häufig dieser Mensch sich glaubte entschuldigen zu müssen. Woher seine Angst gekommen sein mag, weiß Julika nicht zu sagen. Überhaupt redet Julika gar nicht von Ängsten, wenn sie von ihrer bedauerlichen Ehe mit dem verschollenen Stiller erzählt; aber fast alles, was sie erzählt, deutet doch darauf hin, dass sie ihren Stiller nur durch sein schlechtes Gewissen glaubte fesseln zu können, durch seine Angst, ein Versager zu sein. Sie traute sich offenbar nicht zu, einem wirklichen und freien Mann genügen zu können, sodass er bei ihr bliebe. Man hat den Eindruck, dass auch Stiller sich an ihre Schwäche klammerte; eine andere Frau, eine gesunde, hätte Kraft von ihm verlangt oder ihn verworfen. Julika konnte ihn nicht verwerfen; sie lebte ja davon, einen Menschen zu haben, dem sie immerfort verzeihen konnte.*

Wo wir uns einen überlegenen oder einen unterlegenen Partner suchen, wo wir einen abweisenden oder einen emotional stumpfen Partner suchen, wo wir, gegen das Elternhaus gerichtet, eine Protestwahl vornehmen oder das *negative Selbst* zum Partner machen – wir folgen einer verdeckten seelischen Kompensationsstrategie. Das gehört zu den inneren Widersprüchen und dem komplizierten Spannungsgefüge des Menschen, der, wie der Psychoanalytiker Freud oder psychologische Dichter wie Dostojewski und Tolstoi (*Kreuzersonate*) gezeigt haben, ein Wesen aus Licht und Schatten, Trieben, Verdrängungen und Persönlichkeitsspaltungen darstellt.

Gerade die Projektion des *negativen Selbst* zeigt, wie Seelenanteile, die unser Über-Ich als einen schändlichen Fremdkörper abwehrt und in den Keller der Seele verbannt, in der Partnerwahl wieder auferstehen. Wenn wir in radikaler Selbstöffnung ehrlich mit uns umgehen, so spüren wir, vor allem in der Seelenarbeit der Therapie, dass wir viel Gefährliches und Bedrohendes abwehren müssen. Das mögen meine tief verborgene Aggression sein, meine vermeintliche Strafwürdigkeit, meine enervierende Lebensangst, mein intellektueller Minderwertigkeitskomplex, meine sexuelle Triebhaftigkeit, meine babyhafte Bedürftigkeit oder die lähmende Furcht, als Hochstapler enttarnt zu werden. Das können die Erfahrungen von Lieblosigkeit in der Kindheit, von Einsamkeit oder Missbrauch sein – sicher ist nur, dass der ungeschützte Ausbruch dieses frühen Traumas zu einer Dekompensation, also zu einem Zusammenbruch meines Selbst, führen würden. Was ist das *negative Selbst*?

Von der Neurosenlehre Sigmund Freuds wissen wir, wie das Unbewusste mit dieser giftigen biografischen Mülldeponie umgeht – mit der Projektion des *negativen Selbst*. Das heißt, ich verlege das für mich Böse in mein Liebesobjekt. Hiermit werde ich meine Scham und Schuldgefühle über meine „schlechten" Eigenschaften los. Indem ich mich über den anderen empöre und das „Böse" in ihm bekämpfe, schütze ich mich vor Selbstabwertung, besänftige mein Über-Ich und vermag mein eigenes *grandioses Selbst* dem Partner gegenüberzustellen. Ich bin gut, der andere ist böse. Ja, ich kann sogar das von mir Verdrängte beim anderen auf eine verstohlene und maulende Weise mitgenießen! Mein Partner agiert als Sündenbock die von mir abgewehrten „bösen" und doch insgeheim so ersehnten Seelenanteile aus. Ohne ihn, den ich in der Realität täglich beschimpfe, wäre in Wahrheit meine seelische Balance bedroht. Das mag hier theoretisch klingen, im Alltag erlebt es jedoch jeder von uns, bald banal, bald hochdramatisch.

Ein Fall dieser projektiven Verstrickung ist mir besonders im Gedächtnis verblieben. Es handelt sich um Leonie und Norbert, die nach Eintritt ihrer beiderseitigen Pensionierung bei mir in der Praxis erschienen. Eigentlich hätte alles so schön sein können. Leonie und Norbert besaßen ein hübsches, hypothekenfreies Haus, zwei gute Renten, sie waren gesund, und die Kinder bewährten sich längst erfolgreich im Berufleben. Nach so viel Arbeitsamkeit waren Genuss und Lebensfreude angesagt. Doch genau diese wollten sich nicht einstellen, weil Leonie blockierte. Sie war, äußerlich gesehen, eine eher graue Frau, depressiv verschattet, leicht klagend, pedantisch und putzsüchtig. Sie versuchte, ergebnislos freilich, ihren Mann dazu zu gewinnen, morgens drei Stunden lang mit ihr zusammen das Haus zu putzen und am Nachmittag den Garten exzellent zu pflegen. Ihr Lieblingssatz lautete: „Alles muss tipptopp sein."

Norbert hingegen war ein vergnügliches rheinisches Fliegengewicht, etwas unzuverlässig und schlampig, aber voller Improvisation, Spontaneität und Lebensfreude. Er hatte sich, als er auf Rente ging, zum Entsetzen seiner Frau („ein Tier macht doch alles schmutzig") einen Schäferhund zugelegt. Mit Harro alberte er stundenlang herum und unternahm lange Spaziergänge. Norbert kaufte sich ein Rennrad, baute auf einem Südhang eigenen Wein an, ging gern ins Kino und setzte sich am hellen Mittag nach schöner Rentnersitte ins Café. Gerne schaute er jungen Frauen mit ihren kurzen Röcken nach. Er genoss mit allen Sinnen seine neue Freiheit, las bis in die tiefe Nacht und stand morgens erst um neun Uhr auf – unter den strafenden Blicken Leonies, die zu diesem Zeitpunkt bereits ein zweistündiges Putzprogramm hinter sich hatte.

Leonie nannte, immer gereizter werdend, Norbert einen „Tagedieb und Bummler". Norbert konterte, indem er Leonie als „sturköpfiges Arbeitspferd" und „lustfeindlich" bezeichnete. Natürlich ging bei dieser Spannungslage zwischen der Depressiven und dem Hedonisten – hedoné heißt altgriechisch Freude – die Lust über Bord. Leonie bestrafte Norbert mit Sexentzug. Das erbitterte ihn vollends. „Du nimmst mir alles", wütete er in der Paartherapie, „was Freude macht."

In der Anamnese, also der Wiedererinnerung von Leonies seelischer Entwicklungsgeschichte, stellte sich heraus, dass Leonie aus einem streng puritanischen, kleinbürgerlichen Milieu stammte. Nur mit äußerster Disziplin hatten die Eltern vom kleinen Eisenbahnergehalt des Vaters ihre fünf Kinder durchgebracht. Beide Eltern waren sehr religiös, asexuell, eher humorlos und pflichtversessen. Leonie, die ursprünglich ein temperamentvolles, fröhliches Mädchen war, hatte in einem qualvollen, jahrelangen Dressurakt ihr Lust-Ich unterdrücken und verstümmeln lassen müssen. Ganz tief unten in ihrer Seele führte dieses vom kargen Elternhaus so verdammungswürdige Lust-Ich doch ein verborgenes Dasein. Leonies Lust-Ich outete sich gleichsam, als sie den „Lebemann“ und Genießer Norbert kennen lernte: „Ich verknallte mich beim ersten Blick in ihn. Er lebte all das, was in meiner Familie so verpönt war: Heiterkeit, Leichtsinn, Unternehmungslust.“

Die ersten Jahre mit Norbert erlebte Leonie wie im Rausch. Sie fühlte herrliche Lebensenergien in sich freigesetzt, sie genoss die Tage und blühte als Frau auf. Als sie jedoch mit den in kurzen Abständen erfolgten Geburten von drei Kindern der Alltag einholte, setzte sich in ihr das alte Über-Ich wieder durch: Sie wurde starr und lebensabweisend. Sie ähnelte immer mehr ihren pflichtversessenen Eltern. Während sie insgeheim Norbert um seine Lebendigkeit beneidete, verurteilte sie ihn offiziell immer schneidender als verantwortungslos und faul. In Wahrheit lebte Norbert genau diese Seelenanteile der Genussfreude und Lebensbejahung, die sie sich selbst nicht zugestand. Er lebte, mit C. G. Jung zu sprechen, ihren nicht gelebten positiven *Schatten*. Wenn sich Leonie also über Norbert empörte, wütete sie im Grunde über ihre eigene Mutlosigkeit, das Leben zu wagen. Wo sie verachtete, achtete sie sich nicht selbst. Sigmund Freud konstatierte einmal scharfsinnig: *Hinter der Verachtung steckt das Begehren*. Damit legte er die verborgene Dialektik unseres *negativen Selbst* bloß.

Es war für Leonie eine ebenso überraschende wie aufwühlende Erkenntnis, dass sie in ihren projektiven Anklagen ihre Lebensfreude an Norbert „delegiert“ hatte und ihn letztlich beneidete. *Wer neidet, der leidet,* sagt das Sprichwort.

Natürlich musste auch Norbert gründlich Federn lassen, weil er Verantwortungs- und Pflichtgefühl einseitig an Leonie delegiert hatte. Er stammte aus einem leichtlebigen Elternhaus und hatte einen Vater, der sich von einer geschäftlichen Insolvenz zur anderen hangelte. So hatte auch Norbert ein Leben lang nicht gelernt, sein Konto im Plus zu halten, Steuererklärungen rechtzeitig einzureichen und sich um die Wartung des gemeinsamen Hauses und des Autos zu kümmern. Natürlich schlummerte auch in seiner Seele, tief verborgen, eine Sehnsucht nach Ordnung, Struktur und Verlässlichkeit. Weil ihm dies nicht gelang, projizierte Norbert sein *negatives Selbst* auf das sturköpfige Arbeitspferd

Leonie. Für beide war es wichtig, ihren verborgenen Neid zu erkennen und nacheifernde Bewunderung für den Partner und seine vorbildhaften Seelenanteile zu entwickeln. Leonie und Norbert fanden in dem Augenblick einander und jeder sich selbst, als sie die Erkenntnis des dänischen Philosophen Sören Kierkegaard (in *Die Krankheit zum Tode*) für sich realisierten: *Bewunderung ist glückliche Selbstverlorenheit, Neid unglückliche Selbstbehauptung*.

So wie Leonie und Norbert ihre *Kollusion* (Jürg Willi), ihr verborgenes Zusammenspiel, erkannten und glücklich auflösten, so gilt es, liebe Leserin, lieber Leser, dein Beziehungssystem, das sich im Geheimnis deiner Partnerwahl offenbart, aufzudröseln und „nachzuarbeiten". Die möglichen Modalitäten und Fallstricke der Beziehungskombinationen sind, wie gesagt, zahllos. Da wählt sich die aggressiv Gehemmte das Raubein, der Egoist die Selbstlose, der Süchtige den Strukturierten, der „Messie" die Geordnete, die Sklavin den Herrscher, die moralische „Wildsau" die Nonne, das Mauerblümchen den Star, der Biedermann den Vamp, die Gläubige den Atheisten, der Konservative die Liberale, der viel Jüngere den älteren Partner, die Zögerliche den Entschlusskräftigen, der Geizhals die Verschwenderische, der Düstere die Farbenfrohe und was es an Kontradiktionen im Paargeschehen noch so alles gibt. Unbewusst suchen wir den anderen als Flucht- und Entwicklungshelfer und Stachel im Fleisch. Das macht alles einen Sinn. Aber dieser

Sinn muss erst erlitten, entdeckt und fruchtbar gemacht werden.

Wie sehr wir unsere Verletzungen in die Beziehung hineintragen und damit die Liebe gefährden, habe ich in meinem Buch *Das sprachlose Paar* in einer tiefenpsychologischen Interpretation des Märchens *Der Froschkönig oder der eiserne Heinrich* analysiert. Hier stößt die vaterfixierte, mutterlose, von ihren Geschwistern gemiedene, junge Frau, die schöne, aber auch etwas zickige „Prinzessin", auf den vaterlosen, von seiner klammernden Mutter „verhexten", depressiven „Frosch-Mann" voller Klebrigkeit, Minderwertigkeitskomplexe und Unmännlichkeit.

In einer neueren Interpretation (*Der Froschkönig*, Düsseldorf, 2003) lässt Eugen Drewermann die Akteure des Liebes- und Seelendramas am Ende ihre wechselseitigen Projektionen, Delegationen und „Verhexungen" durchschauen, beenden und sich gegenseitig um Vergebung bitten.

Drewermann schreibt: *An der Prinzessin wäre es zu sagen: „Vergib mir, Geliebter, die Worte meiner Verachtung. Sie mussten dich kränken und schlimmer: sie sollten dir wehtun; doch glaub' mir, sie galten nicht dir. Ich war noch sehr unreif und unerfahren, voller romantischer Ideen, mit denen ich mich vor der Wirklichkeit und vor mir selber zu schützen suchte. Wie alle Mädchen voller Sehnsucht und*

Angst war ich voller Abwehr gegenüber der Liebe, die ich doch suchte. ... Ich traute mir selbst nicht – wie hätte ich da einem anderen, einem Manne wohl gar, vertrauen sollen? .... Der einzige, dem ich vertrauen durfte, vertrauen musste, war mein Vater. Zu ihm blickte ich auf ... Ich merkte nicht, dass er mich zugleich in einer Höhle von Behutsamkeit und Unselbstständigkeit gefangen hielt. Ich spürte, dass ich von ihm loskommen musste, aber ich hatte auch Angst, ihn loszulassen."

Und: „*Deine Annäherung versetzte mich in Panik; ich reagierte darauf, wie ich es gelernt hatte: von oben herab, arrogant; ich nahm dich nicht ernst, w e i l ich doch spürte, dass es ernst wurde! Heute bin ich dir dankbar für deine zähe Geduld, die ich damals als ein Nachgelaufe ohne Anstand und Würde missdeutete. Ich war meines Vaters Vorzeigepüppchen; ich war gewohnt, mich zu drehen und zu wenden, wie er es wollte, und ich lebte in der ständigen Furcht, nicht schön genug, nicht makellos genug, nicht perfekt genug zu sein ... Nur du warst im Stande, die „Prinzessin" in mir zu erlösen und mich vom kleinen Mädchen zu einer Frau zu machen ... Heute macht es mich stolz, dein Verlangen zu wecken.*"

Den Frosch-Mann, von der Prinzessin in ihrer endlich erlösten konstruktiven Aggressivität gegen die Wand geworfen, das heißt endlich als Mann gefordert, lässt Drewermann erwidern: *Vergib du mir, meine Geliebte, du meine Königin ... es tat mir gut, dir helfen zu dürfen. Nein, rein selbstlos war das gar nicht. Auch ich hatte und habe meine Ängste, zum Beispiel, dass eine so schöne und glückverwöhnte Frau, wie du mir damals erschienst, mich einfach lächerlich fände ... Ich wollte dich nicht belasten, doch genau so fühlte ich mich dir gegenüber: als lästig, als schwierig, als schwerfällig, als zu schwermütig, als „Frosch" eben, als ein Kind aus Brunnentiefe und Tränen ... So eine gewisse Leichtigkeit des Lebens, wie du sie wünschen magst, habe ich nie kennen gelernt. Auch mir mangelte es an Selbstbewusstsein und Selbstvertrauen, und wie du den Beifall der anderen zu erringen suchtest durch Gefälligkeit und Gefallen, so ich durch Hilfsbereitschaft und Nützlichkeit. Beide hat uns das Leben offenbar sehr einseitig geprägt – dich dein Vater, mich meine Mutter; dein Wesen wurde fast männlich, das meine fast weiblich dabei. Doch wenn wir jetzt zusammenkommen und zueinander finden, so doch mit der Möglichkeit, uns wechselseitig zu ergänzen. Wenn nur ein jeder von uns so ist, wie er ist! Ich kann dir nicht deinen Vater ersetzten, du musst mir nicht meine Mutter ersetzen. Beide sind wir keine Kinder mehr.*

Das Geheimnis der Partnerwahl zu entschlüsseln, ist eine der aufregendsten Kolumbusfahrten der Seele. In seinem Buch *Dein Name ist wie der Geschmack des Lebens* formuliert Eugen Drewermann poetisch: *Wie anders sollte man Liebe bezeichnen als eine Bewegung der Seele, die alles*

Äußere in der Erscheinung des anderen für uns auf seine Seele hin transparent macht und zugleich den Drang in uns weckt, von dem anderen immer mehr zu erfahren, zu erkennen und ihn in allem immer tiefer zu verstehen?

Das junge Paar: Traumbilder der Liebe

Das ist der Jugend edelster Beruf:
Die Welt, sie war nicht,
eh ich sie erschuf!
Die Sonne führt ich
aus dem Meer herauf;
mit mir begann der Mond
des Wechsels Lauf.

Goethe, Faust II

Das junge, kinderlose Paar beginnt seinen Aufbruch, wie wir sagen, mit hinderlichem Marschgepäck im Tornister des Unbewussten. Dabei haben wir beileibe nicht alle Handicaps genannt. Zusätzlich zu den Signaturen des Elternhauses, den Traumatisierungen, Beziehungsmustern und Charakterunterschieden haben Frauen und Männer stark differierende *geschlechtstypische Selbstkonzepte*. Meist neigen Mädchen, durch die konservative Sozialisation der Familie, der Schule und gesellschaftlichen Umgebung imprägniert, dazu, sich zu wenig zuzutrauen, die eigene Leistungsfähigkeit für begrenzt zu halten und Konkurrenz und Wettbewerb aus dem Wege zu gehen. Mädchen lieben Ringelreihen, Buben raufen. Dafür verfügen Mädchen meist über hohe emotionale Kompetenz, Einfühlsamkeit und Fürsorglichkeit. Sie sind stärker gefühls- statt sach-

ICH SCHWEBE MIT DIR
IN DEN HIMMEL
DER LIEBE
STADTWERKE
WUPPERTAL

orientiert. Schließlich sind sie auf Brav- und Nettsein getrimmt. Sie bemühen sich um Harmonie in der zwischenmenschlichen Beziehung. Sie haben Angst vor Konflikt, Streit und Zank. In der Krise neigen sie deshalb weniger zur offenen Aggression – von einer gewissen „Zickigkeit" abgesehen –, sondern zur Depression und Resignation. Sie sind oft am mütterlichen Rückzugverhalten orientiert.

Demgegenüber orientieren sich Jungen meist an starken männlichen Vorbildern. Sie legen Härte an den Tag. Sie bevorzugen die Sache gegenüber der Beziehung und die kompetente Problemlösung gegenüber dem schwingenden Mitgefühl und der Fähigkeit, mit dem *Beziehungsohr* (Schulz von Thun) die seelischen Erschütterungen der Partnerin seismographisch zu erfassen. Sie verfügen über hohe Aggression, aber auch Unnachgiebigkeit und Unsensibilität. Gegenüber der Nähefähigkeit der Mädchen sind Jungen eher distanziert und autonom. Männer verteidigen Positionen, Frauen suchen das Gemeinsame. Männer sind im Wort, in der Gestik und Mimik, kurz in der Kommunikation, oft arm, „behindert". Frauen sind ausdrucksstark und expressiv in ihren Gefühlen. Männer mauern. Frauen weinen.

Männer verstehen sich als Pioniere der technischen Außen- und Dingwelt, Frauen fühlen sich verantwortlich für Gefühlsvernetzungen. Männer sind „mit dem Beruf verheiratet". Das Berufsende oder die Arbeitslosigkeit bedeutet für sie oft einen Absturz von katastrophaler moralischer Fallhöhe. Das erleben Frauen anders – wenn der Beruf entfällt, verlegen sie ihr Engagement in den familiären Bereich und pflegen verstärkt das Netz ihrer emotionalen Beziehungen. Männer sind häufiger einsam. Eine demoskopische Erhebung ergab: Von zehn deutschen Männern über vierzig Jahren haben neun keinen Freund. Von zehn gleichaltrigen Frauen besitzen neun eine beste Freundin.

Ein chinesisches Sprichwort sagt: *Der Anfang der Liebe liegt im Himmel, ihr Ende in der Hölle*. Das kann so sein, muss aber nicht. Vielmehr wächst gerade das junge Paar an den Schwächen wie an den Stärken seiner Liebe. Sarah schildert in einem Brief das Glück und die Grenzen ihrer Ehe wie folgt: „Als wir uns kennen lernten, begannen wir gerade unsere Ausbildung. Ich war bereits in einer langjährigen Beziehung." Der damalige Freund war stets auf sich konzentriert, interessierte sich kaum für Sarah. Da begegnete sie ihrem heutigen Mann. „An ihm gefiel mir, dass ich mich mit ihm wunderbar unterhalten konnte. Wir haben über Gott und die Welt geredet, uns unser Leben erzählt, Quatsch gemacht. Das war auch eine richtige Unterhaltung, ich hörte ihm zu, und er hörte mir zu. Auch beruflich konnten wir uns austauschen. Er war nicht langweilig. Er ist sehr attraktiv, obwohl mir das Aussehen nicht so wichtig ist. Er kann gut tanzen und hat es mir auch beigebracht."

Zu den Stärken dieses Paares gehört die beiderseitige Fähigkeit, sich gut zuzuhören und sich dabei interessant zu finden. Sarah und ihr Liebster folgen damit unbewusst einem Diktum des größten Psychologen unter den Philosophen, Friedrich Nietzsche. In seinem aufklärerischen Meisterwerk *Menschliches, Allzumenschliches* definiert der Denker die Ehe als langes Gespräch. Er kam zu dem Schluss: *Man soll sich beim Eingehen einer Ehe die Frage vorlegen: Glaubst du, dich mit dieser Frau bis ins Alter hinein gut zu unterhalten? Alles andere in der Ehe ist transitorisch* (vorübergehend – M. J.), *aber die meiste Zeit des Verkehrs gehört dem Gespräche an.*

Sarah und ihr Mann sind beide Realisten, die die Möglichkeit einer Beziehungskrise nicht ausschließen. „Wir stammen aus ähnlichen Familienverhältnissen, in denen zum Beispiel immer gespart werden musste. Es gab zwischen uns viele Gemeinsamkeiten, auch im Beruf. Wir liebten uns, aber wir waren realistisch genug, auch an das Scheitern der Beziehung zu denken. Für gemeinsam angeschaffte Einrichtungen wurden Verträge aufgesetzt für den Fall, dass die Beziehung endet." Solche Verträge haben nichts mit grundsätzlichem Misstrauen zu tun. Aber falls es tatsächlich einmal zu einer Trennung kommt, können klare Absprachen vielleicht eine „emotionale Materialschlacht" verhindern helfen.

Doch zur Beziehung gehören die Schwächen und Begrenztheiten beider Partner wie der Schatten zum Körper. Sarah: „Wir hatten beide von unserem Elternhaus nicht viel Selbstbewusstsein mitbekommen. Wir ließen uns von den Eltern, der Familie und der Umgebung beeinflussen. Wir haben Sachen gegen unseren Willen gemacht, um keinen Ärger zu bekommen oder jemanden traurig zu machen. Wir konnten beide nicht richtig streiten, weil auch in unseren Familien dem Streit aus dem Weg gegangen wurde."

Die Spannung entzündete sich an der Hausarbeit. Sie blieb, wie meist, an der Frau hängen. Wenn bei Sarah, wie sie schreibt, das Fass überlief und sie ausfallend wurde, zog sich der Mann einfach zurück. Doch auch hier fand Sarah, die Praktikerin, eine nahe liegende Lösung: Dieses Problem ist inzwischen durch eine Putzfrau aus der Welt geschafft worden.

Sarah ist eine selbstständige Natur, die in ihrem Leben schon allein gelebt hat. Ihr Mann ist eher ein Klammerer und Stubenhocker: Er kann auch in der Wohnung nicht gut allein sein. Sarah dagegen hat bereits zwei Jahre allein gelebt. „Mir macht das nichts aus. Er ist direkt von zu Hause zu mir gezogen. Wenn ich dann einmal für ein paar Tage allein wegfahren möchte, jammert er schon wochenlang vorher. Es kommt mir dann vor, als ob er einfach schwächer ist als ich. Und ich versuche, ihn dann zu schonen. Gleichzeitig fühle ich mich aber auch schwach und hätte gerne mal eine Schulter zum Anlehnen."

Ob Sarah ihren Liebsten zu wenig gefordert hat? Fast möchte es so scheinen. „Mit siebenundzwanzig Jahren wurde bei mir eine Totaloperation durchgeführt, weil der Verdacht auf Krebs bestand. Er hat sehr viel Angst um mich gehabt. In dieser Situation habe ich deutlich gespürt, dass ich viel stärker bin als er. Obwohl es mir schlecht ging, habe *ich* noch versucht, *ihn* aufzubauen." Ähnlich war es, als Sarahs Vater starb. Sie hing stark an ihm und litt unter seiner Krankheit und seinem Tod: „Ich hätte jemanden gebraucht, der mich in den Arm nimmt, tröstet und beschützt. Aber weil mein Mann gleichzeitig auch krank wurde, konnte ich ihn damit nicht belasten. Später habe ich mich nicht mehr getraut, weil ich Angst hatte, dass er wieder krank wird. Da habe ich versucht, meine Trauer alleine zu verarbeiten und habe mich dadurch von ihm entfernt."

Hat ihn Sarah damit nicht möglicherweise auch unterfordert? Nahm sie möglicherweise unbewusst eine Art beschützende Mutter-Sohn-Haltung ein? Liebe ist Wissen. Liebe ist Information. Liebe ist eine Entscheidung. Wo die kommunikative Kluft immer breiter wird, entfremden sich die Partner, weil sie sich nicht mehr fühlen. So war es auch hier zwischen Sarah und ihrem Mann: „In dieser Phase hat er sich in eine Kollegin verliebt. Als er es mir dann endlich gesagt hat, haben wir mit professioneller Hilfe und deinen Büchern versucht, uns wieder anzunähern. Ich denke, dass wir es jetzt auch geschafft haben."

Was für eine große Leistung ist das! Sarah hätte sich auch in krankhafter Eifersucht verlieren können. Ihr Mann wäre wohlmöglich mit der Angebeteten „durchgebrannt". Sarah und ihr Mann haben nicht nur standgehalten, sondern sich auch *Hilfe* geholt. Das ist so wichtig in der Liebesarbeit durch alle Altersphasen der Beziehung hindurch. Leider haben Paarberatung, Paartherapie und gruppendynamische Paarseminare, wie sie von niedergelassenen Psychotherapeuten, von der Caritas oder Pro Familia, aber auch im Gesundheitszentrum „Dr.-Max Otto Bruker-Haus" in Lahnstein angeboten werden, für viele Paare immer noch den Ludergeruch des Scheiterns und der Peinlichkeit an sich.

Man kann doch nicht seine schmutzige Wäsche vor Dritten waschen, meinen manche. Dabei ist die Paararbeit in einem professionellen Setting ein hinreißender emotionaler und intellektueller Wachstumsprozess voller Aha-Erlebnisse, Anregungen, Erfahrungen, ergreifender existenzieller Begegnungen, neuer Beziehungsverträge, Einübung demokratischer Kommunikationsstile und Wiederentdeckungen der uranfänglichen Bezauberung.

In der Paararbeit, wie Sarah und ihr Mann es, von der Krise beflügelt, unternahmen, können wir auch die Größe und die Grenze unserer Paardynamik ausloten. Denn jedes Paar muss zwei Dinge herausfinden: die Kultivierungsmöglichkeit seines gemeinsamen Beziehungsterritoriums, aber auch seine Grenzen. Aus dem Fürstentum Liechtenstein kann man beim besten Willen nicht das Land der unbegrenzten Möglichkeiten machen. Das Paar muss sich gemeinsam entwickeln, aber es darf sich auch nicht überfordern. Das hieße, Illusionen einer romantischen Liebe zu pflegen.

Kein Partner kann mir alles geben. Ich kann keinen Partner mit dem totalen Universum der Liebe und des Verständnisses beglücken. Wir sind beides begrenzte Menschen. Da stößt der politisch engagierte Mann auf die diesbezüglich desinteressierte privatisierende Frau. Sie wird niemals eine überregionale Tageszeitung oder den „Spiegel“ lesen oder eine Politiksendung am Fernseher verfolgen. Umgekehrt muss die literarisch interessierte Frau, die den „neuen Grass“ bereits am Tage seines Erscheinens kauft, an ihrem Computerfreak von Mann akzeptieren, dass für ihn die Namen Thomas Mann, Saint-Exupéry oder Hermann Hesse böhmische Dörfer sind. Die klugen Römer hatten für diese Begrenztheit der irdischen Existenz einen knappen Spruch: *ultra posse nemo obligatur*, zu Deutsch: *Keiner kann über sein Können hinaus gefordert werden.*

Sarah schließt ihre eheliche Inventur mit den Worten: „In letzten Zeit wünsche ich mir verstärkt eine beste Freundin, der ich ab und zu mein Herz ausschütten kann. Eine Frau kann einiges doch besser verstehen als ein Mann."

Das ist eine wichtige Einsicht: Freundschaften öffnen, wie wir auch später sehen werden, Türen und Fenster des sonst hermetisch verschlossenen Beziehungshauses. Die italienischen Feministinnen sprechen vom *affidamento*. Sie meinen damit Annahme, Freundlichkeit, Solidarität und Unterstützung unter Frauen, Lösung aus der hermetischen Beziehung zum Mann. Frauen sollten den männlichen Seilschaften weibliche Netzwerke gegenüberstellen. In der hohen Wertigkeit von Frauenbeziehungen stärken sie zugleich ihre *anima* (C. G. Jung), ihre weibliche Seele.

Bei allen Startschwierigkeiten ist es doch immer wieder ein Wunder, mit welcher überschäumenden Kraft junge Paare den Aufbruch in ihre Zukunft gestalten. Denn sie müssen als zwei unabhängige Individuen unterschiedlicher Herkunft und anderen Geschlechts alles Fremde integrieren und zu einer Synthese führen: Lebens- und Kleidungsstil, Geschmack, politische, lebensphilosophische und religiöse Auffassungen, anders geartete Herkunftsfamilien, Schwiegereltern, Festrituale, hygienische Gewohnheiten, Zärtlichkeit und Sexualität, Tagesabläufe, Urlaubsziele, Hobbys, Freundschaften, Finanzen, Ordnungsstile, Lebensplanungen.

Am Anfang der Beziehung herrscht die Illusion, dann die „Ent-Täuschung“: Jeder der Partner muss nach der Phase der Verschmelzung in die Ausnüchterungszelle der Realität. Er muss die selbst projizierten Täuschungen über die „Traumfrau“, den „Traummann“ auf den Boden der Realitäten zurückführen.

Jetzt erst entdeckt die kindliche Frühschläferin Jutta, dass ihr Franz nachtaktiv, fernsehsüchtig und ein Morgenmuffel ist. Franz muss mit der Tatsache fertig werden, dass Jutta früh am Abend und noch vor Ende des abendlichen Kriminalfilms im Schlafzimmer verschwindet und dafür um sechs Uhr morgens im Hause herumrumort und den Staubsauger anstellt. Hier, in der ersten Phase der Enttäuschung, erlebt das junge Paar, wenn seine Liebe sich auf Realismus zu gründen beginnt, seine erste Feuerprobe. Zusammenpassen ist kein Zustand, es ist das Ergebnis einer Entwicklung, Stunk und Zoff inbegriffen.

Der christliche Humanist Romano Guardini (1885 bis 1968) hat in seiner berühmten Schrift *Die Lebensalter* die Phase des jungen Erwachsenenalters als ein *initium*, einen kreatürlichen Neuanfang von ebenso hoher Schöpferkraft wie noch mangelnder Erfahrungsmöglichkeit charakterisiert. Guardini: *Der Grundcharakter dieser neuen Lebensgestalt ist, recht zäh, durch zwei Momente bestimmt. Ein positives: Die Aufstiegskraft der sich betonenden Personalität wie der durchdringenden Vitalität – ein negatives: der Mangel an Wirklichkeitserfahrung. Daraus das Gefühl, die Welt sei unendlich offen, die Kraft sei unbegrenzt. Die Erwartung, das Leben werde Unabsehliches spenden, und die Zuversicht, man werde Großes leisten. Es ist eine Haltung, die auf Unendliches gerichtet ist; das Unendliche des noch nicht erprobten Beginns. Sie hat den Charakter des Unbedingten. Die Reinheit, die in der Ablehnung des Kompromisses besteht. Der Überzeugung, wahre Ideen, richtige Gesinnungen seien ohne Weiteres imstande, die Wirklichkeit zu ändern und zu formen. Daraus auch die Neigung zum Kurzschluss im Urteilen und Handeln. Und alles das um so heftiger, als das personale Sein noch unsicher ist ... Es fehlt die so uninteressante, aber für jedes Gelingen so grundlegende Haltung der Geduld. Diese Periode ist die des natürlichen Idealismus, der die Kraft der Idee und der Gesinntheit überschätzt ... Es ist auch die Periode, in der die typischen Frühbegabungen hervortreten: oft überraschende Leistungen des Verstandes, der Erfindung, der künstlerischen Fähigkeit ... Sie sind vom Auftrieb des jungen Lebens getragen, das mit Fantasie und Mut die Wirklichkeit überschwingt.*

Das junge Paar entwickelt sich noch stark aus dem Kraftfeld des Unbewussten. Es entwirft hinreißende Traumbilder der Liebe. Sie sind wie Segel im Wind und vermögen das Schiff der Beziehung vor Wellengang und an scharfen Klippen vorbei nach vorwärts zu bewegen. Natürlich ist die erste große

Liebe vielfach auch blind, wie das Sprichwort sagt. Denn das Wesentliche ist unsichtbar, und man sieht, wie das Füchslein dem Kleinen Prinzen verrät, nur mit dem Herzen gut.

In dieser Frühphase partnerschaftlichen Zusammenlebens schaffen wir Erwartungsbilder und Kartografien künftiger Beziehungslandschaften. Wir entwickeln Beziehungsfantasien, die beileibe nicht nur fantastisch oder neurotisch sind. Wir wollen zusammenhalten wie Pech und Schwefel, miteinander Pferde stehlen. Wir gehen durch Dick und Dünn und fühlen uns einander schicksalhaft verpflichtet wie Tristan und Isolde. Kurz, wir beschwören aus der tiefen, archetypischen Sicht unserer Seele die Urbilder erotischer Begegnung.

In unserer Liebe ist etwas Unbegreifliches und Transzendentes, das über uns hinausweist. *Die Liebe*, sagt der Romantiker Novalis (in seinen *Fragmenten*), *ist der Endzweck der Weltgeschichte, das Amen des Universums.*

In der jungen Liebe erkennen Frau und Mann traumartig, was sie an ihrem Partner brauchen und erhoffen dürfen, was ihnen vielleicht selbst fehlt: Aufbruchswillen, Beharrlichkeit, Begeisterungsfähigkeit, Gefühlstiefe, Takt, Kompetenz, Lebenslust, Mut, Nähe, Produktivität, Spontaneität, Unbekümmertheit, Verwandlungsfähigkeit, Zähigkeit und Zärtlichkeit. Im Verlieben vermischen sich diese

Idealbilder und Beziehungsfantasien zum einzigartigen Seinsmodell des Paares. Jedes Paar entwickelt für sich einen neuen Maßstab seiner Beziehungsidentität. *Wenn man einen Menschen liebt, so lässt man ihm doch jede Möglichkeit offen und ist trotz schlimmer Erinnerungen einfach bereit zu staunen, immer wieder zu staunen, wie anders er ist, wie verschiedenartig und nicht einfach so, nicht ein fertiges Bild.* (Max Frisch, *Stiller*)

Der kreative Wirbelsturm der Liebe schenkt jedem der beiden Partner durch die gegenseitige Spiegelung eine vertiefte Identität. Durch das Leuchten im Auge des anderen erkenne ich etwas, wofür ich bislang einen „blinden Fleck" hatte: Meine Besonderheiten, meine Stärken, meine noch nicht entwickelten Potenzen. Sehr schön hat mir Markus, ein Handwerker, über vierzig, verheiratet, drei Kinder, diese energetische Liebeskraft beschrieben: „Als ich Anita, zu diesem Zeitpunkt Grundschullehrerin, kennen lernte, war ich ganz auf meinen Beruf konzentriert. Das einzige Hobby, das ich pflegte, war Handball mit meinen Kumpels, die ich bereits seit meiner Kinderzeit kannte. Anita spielte wundervoll Klavier. Bislang hatte ich zur Musik keinen eigentlichen Zugang gehabt, außer Rock und Schlager kannte ich praktisch nichts. Anita spielte mir immer wieder aus ihrem großen Repertoire von Bach bis Bartok vor, versuchte sich auch in Freejazz-Improvisationen. Sie schleppte mich in Konzerte mit. Sie sagte zu mir: ‚Weißt du eigentlich, dass du ein gutes Rhythmusgefühl hast und musikalisch bist?‘

Das erstaunte und beschäftigte mich. Denn in den Musikstunden in meiner Schule war ich wegen meiner piepsigen Stimme immer wieder ausgelacht und später vom Kirchenchor abgewiesen worden. Durch Anita kam ich dazu, mir eine Trompete anzuschaffen, Musikstunden zu nehmen. Ich spiele heute in einer Amateurband. Anita öffnete mir auch den Blick für die Natur, das Anlegen eines Zier- und Gemüsegartens. Als Gesundheitsberaterin begeisterte sie mich für gesunde Ernährung, worauf ich mein Übergewicht und meine Verdauungsschwierigkeiten verlor.

Während mich meine Eltern als weltfremden Grübler abwerteten und meinen lebenstüchtigen, aber etwas seichten Bruder bevorzugten, bewunderte Anita meine Nachdenklichkeit, meine Freude an philosophischen Gedankengängen. Sie ermunterte mich dazu, mir im Laufe der Jahre eine wertvolle Bibliothek anzuschaffen. Ich empfinde Anita, um ein gärtnerisches Wort zu verwenden, wie einen Dünger meines Wachstums. Sie hat mich ermutigt, meine weichen und weiblichen Seiten zu leben und zu pflegen. Umgekehrt gefällt ihr meine praktische, männlich zupackende Art.“

In der Liebeserfahrung der Anfangszeit errichtet ein Paar das Fundament seiner künftigen Beziehung. Eine gemeinsame Gefühlswelt entsteht. Das Paar erkennt sich aber auch als verletzend und verletzbar.

Es zeigt sich seine intimsten und verborgensten Geheimnisse und Gefühle. Daraus entsteht eine Nähe und Verbundenheit, die das Paar bei den Herausforderungen, die vor ihm liegen, beflügelt. Das ist der Goldschatz unseres liebenden Aufbruchs. Auf diese Traumbilder der Liebe können wir in Krisenzeiten wie auf einen unermesslichen Schatz zurückgreifen.

Wenn ein Paar enttäuscht und verbissen beim ersten Gespräch vor mir sitzt, dann pflege ich es nach dem Beginn seiner Liebe zu fragen. Plötzlich erhellt sich das Gesicht der Frau: „Er war ja so süß." Der Mann strahlt: „Wir sind gar nicht mehr aus dem Bett herausgekommen, so heiß hat sie mich gemacht..." Beide erinnern sich plötzlich an die Grundidee ihrer Beziehung, ihre Visionen. Was haben wir vom Leben erwartet? Wofür haben wir uns engagiert? Was brachte uns zusammen?

Der Blick in das verlorene Paradies öffnet sich: Es muss nun ein neuer Garten angelegt werden – mit all jener Flora und Fauna, die sich aus der alten Liebeslandschaft erhalten hat und die wieder einzupflanzen ist. Für jede Paarbeziehung sollten daher diese Worte Rilkes gelten: *Der Sinn meiner Ehe ist der, diesem lieben Menschen zu sich, zu seiner Größe und Tiefe zu helfen, soweit eben einer dem anderen helfen kann.*

Das Paar mit Kindern: Reife oder Partnerverlust?

Viele, von denen man glaubt,
sie seien gestorben,
sind bloß verheiratet.

Françoise Sagan

Groß ist das Entzücken von Geschwistern, Eltern, Schwiegereltern, Freunden, Kollegen und Nachbarn, wenn ein Paar in seine generative Lebensphase eintritt: Es zeigt stolz die Geburt seines Kindes an. Bereits in der aufregend erlebten Schwangerschaft, besonders aber nach der Entbindung erlebt das Paar eine köstliche Tiefung seiner Partnerschaft. Jetzt wird es ernst. Bisher konnte man im Zweifelsfalle auseinander gehen und die Odyssee des Lebens wieder alleine antreten. Jetzt ist man sich, wie immer die Ehe in guten und in bösen Tagen sich bewähren oder scheitern mag, durch die Elternschaft bis an das Ende aller Tage verbunden.

Mit existenzieller Wucht ist das Kind in das gemeinsame Leben eingetreten. Es fordert für die nächsten zwanzig Jahre rückhaltlose Unterstützung! Dieses Kind, das die Eltern, wenn es zum ersten Mal auf dem Bauch der Mutter liegt, zu Tränen des Glücks und der Überwältigung anrührt, verfügt über eine

ICH HATTE MIR UNSERE BEZIEHUNG SPRITZIGER VORGESTELLT
TM

unvergleichliche Magie. Eugen Drewermann rückt sie in seinem Werk *Tiefenpsychologie und Exegese* zart ins Bild: *Das ist das ganze Geheimnis eines Kindes, dass es uns durch sein bloßes Dasein nötigt, es zu lieben, und dass es davon lebt, für nichts geliebt zu werden.*

Aus dem Paar ist über Nacht eine Familie geworden, ein sozialer Organismus von Bedeutung und Würde. Diese wundersame Metamorphose erweitert die Liebesarbeit um eine gewaltige neue Dimension. Der Mann hat die Frau zur Mutter, die Frau den Mann zum Vater gemacht. Damit haben sich beide der anspruchsvollen Aufgabe gestellt, nicht nur Mütterlichkeit und Väterlichkeit zu entwickeln, sondern auch Standfestigkeit und Unbeirrbarkeit. Das Paar betritt eine neue Beziehungsebene. Die Pflichten und der anstrengende Tages- und Nacht-Kreislauf des Kinderalltags beginnen unwiderruflich und auf lange Zeit. Paare werden in dieser Kinderphase ihres Lebens ernster, verbindlicher, erwachsener, reifer. Ihr Leben gerät in ein ruhigeres Fahrwasser. Der Sinn ihres Lebens enthüllt sich in der Verantwortung für das Kind.

Julian, ein junger Universitätsdozent, der eine meiner Selbsterfahrungsgruppen besucht hatte, schickte mir das Bild seiner eben geborenen Tochter und schrieb dazu: „Die Entbindung war schwer. Ich hatte das Gefühl, als ob ich mit meiner Frau zusammen um Tod und Leben kämpfte. Nie bin ich ihr so nahe gewesen. Nie habe ich mit solchem Grauen gefürchtet, sie zu verlieren. Nie habe ich aber auch so geweint, als das Kind aus ihrem Leib schlüpfte und ich es als Erster in die Arme nehmen durfte. Das war und ist wohl das größte Geschenk meines Lebens. Inzwischen ist die kleine Laura ein halbes Jahr alt und gedeiht prächtig. Mein Leben hat sich total gewandelt, aber ich bin nicht traurig darüber. Im Gegenteil, ich habe meine Arbeitsstunden reduziert und genieße jede Stunde mit Laura aus vollem Herzen. Am liebsten würde ich sie stillen können. Sie ist so fröhlich und klug.

Bis vor wenigen Monaten waren Segeln und Paragliding und im Winter Skifahren meine ganze Welt. Ich lebte riskant. Ich bin einmal mit dem Gleitschirm in eine Tanne gestürzt und brach mir das Schlüsselbein. Ich war geradezu süchtig nach diesem Risikosport. Mein Leben bedeutete mir wenig. Jetzt fürchte ich, wie Brecht in einem Gedicht schreibt, dass mich schon ein Regentropfen erschlagen könnte und ich als Vater für Laura ausfalle. Während ich in der Vergangenheit gerne mit einer Studentin in meinen Lehrveranstaltungen flirtete und die Ehe nicht so ganz ernst nahm, fühle ich mich jetzt in einem wundervollen Gespann mit meiner Frau. Es engt mich nicht ein, es leitet mich. Du hast damals im Seminar ein Nietzsche-Wort zitiert ‚Werde, der du bist‘ – das ist mit mir geschehen. Ich bin substanzieller geworden.“

Das Paar mit Kindern muss sich völlig neuen Aufgaben stellen. Es lernt daran. Der Tagesablauf will gut strukturiert sein. Nur mit unverbrüchlicher Solidarität sind diese ersten Monate mit den nicht enden wollenden „Nachteinsätzen" zu überleben. Männer müssen das Windelwechseln lernen, mit dem Fläschchen umgehen, das Kind säubern und sich, wenn es abgestillt ist, an seiner gesunden Ernährung beteiligen. Das Kind erzwingt Verlässlichkeit und lässt das Paar zu einer ungewohnten Disziplin reifen. Angesichts solch existenzieller Aufgaben erscheinen viele bisher für unverzichtbar gehaltenen Dinge plötzlich unwichtig und überflüssig.

Tanja, Masseurin in einer Kurklinik, berichtet: „Ich bin ziemlich oberflächlich aufgewachsen. Klamotten, Männer und Disco bedeuteten mir alles. Von morgens bis abends sorgte ich mich um meine Schönheit, die Kosmetik war mein Kosmos. Ich erwog sogar ernsthaft, meine kleinen Brüste durch Silikonimplantate vergrößern und mir am Po und den Oberschenkeln Fett absaugen zu lassen. Dass Männer mich attraktiv fanden und mit mir anzubandeln versuchten, war für mich Tagesordnungspunkt Nr. 1. Seit der Geburt unseres Sohnes ist alles ganz anders geworden. Zum ersten Mal schätze ich so richtig meinen Mann, der mir nie ‚smart und cool' genug erschien. Er ist ein hingebungsvoller Vater, voller Geduld und Zärtlichkeit. Immer wenn ich meinen Sohn im Arm halte, denke ich, er soll doch kein hirnloses Weibchen als Vorbild haben, das, verzeih den Ausdruck, nichts als dicke Titten vorweisen kann. Ich habe mir ein Liederbuch gekauft und singe dem Lütten (Kleinen – M.J.) jeden Tag etwas vor. Er soll eine gute Mutter haben und kein Modepüppchen. Die Disco kann mir gestohlen bleiben.“

Selbst Paare, die bisher eine isolierte Einzelexistenz geführt und sich von Eltern und Schwiegereltern eher distanziert haben *(nur ja keine Einmischung!)*, klinken sich jetzt in die „Sippe“ ein: Da werden die Taufe und Geburtstage gefeiert, die Familie übernimmt Babysitter-Dienste und steuert eine Anschubfinanzierung beim Hausbau bei. Das Paar wird nun ernster genommen, die Eltern und Schwiegereltern buhlen und rivalisieren um die Gunst der Enkelkinder. Bald gilt es denn schon, den Kindergarten und wenig später die Schule zu organisieren. Es scheint, dass die von den Medien immer wieder totgesagte Familie eine vitale Renaissance erlebt.

Eltern erziehen ihr Kind und werden selbst von ihm zu krisenfesten Vätern und Müttern erzogen. Natürlich machen sie auch vieles falsch, weil ihnen selbst noch die Eierschalen der Unreife hinter den Ohren kleben und weil sie selbst Opfer ihrer Väter-, Mütter- und Geschwisterverstrickungen aus der Herkunftsfamilie sind. Aber all diese Störungen sind unausweichlich. Chemisch reine Eltern wären ein Horror. Jedes Kind würde unter ihrer Makellosigkeit vor Minderwertigkeitskomplexen erstarren.

Das Paar hinterlässt erstmals in seiner Zweieridentität moralische und psychologische „Fingerabdrücke". Mutter und Vater prägen das Kind – es beginnt, die Welt mit den Augen seiner Eltern zu sehen. So übernimmt es Sprache, Gefühle, Wissen und Verhaltensrepertoires seiner Erzeuger, aber auch deren neurotische Macken. *Alle unsere Irrtümer,* beobachtete die Reformpädagogin Maria Montessori (in *Kinder sind anders*), *übertragen wir auf unsere Kinder, in denen sie untilgbare Spuren hinterlassen.*

Nichts formt einen Menschen mehr als das Leben mit Kindern. Im positiven Fall entwickeln Frau und Mann durch diesen psychologischen Stoffwechsel Eigenschaften wie Achtsamkeit, Dankbarkeit, Güte, Humor und Toleranz. Und vielleicht erleben sie auch die Heilung der eigenen frühkindlichen Verletzungen. Wie ich in meinem Buch *Reine Männersache* (emu Verlag) dargestellt habe, leiden vor allem Männer an der „Vaterwunde". Ich schrieb damals: *Väter waren gegen uns Söhne oft unsichere Kantonisten. Sie brachten uns nicht zu Bett, sie schmusten nicht mit uns, sie erzählten uns nichts von sich, sie trockneten nicht unsere Kleine-Jungen-Tränen, sie klärten uns in der Pubertät nicht auf. Der ‚erste Mann in unserem Leben' lebte uns häufig Maulfaulheit, Verschlossenheit, bräsigen Groll, Abhärtung und Härte vor. Und doch war unsere*

Sehnsucht nach diesem Vater unermesslich groß. So groß, dass wir die Abweisung durch den Vater mit der ‚Frauensucht' (Wilfried Wieck) zu kompensieren suchten und heute jede Nähe zu einem anderen Mann tabuisieren. Es ist eine Reaktionsbildung aus Enttäuschung: Kein Mann soll uns wieder so tief verletzen dürfen wie dieser erste, diese ‚emotionale Null', diese ‚Gefühlsniete'…

Aber es gibt die Versöhnung mit dem verwundeten Väterlichen durch die eigene Vaterschaft. *Wenn du lebst, ohne Vater geworden zu sein,* sagt ein russisches Sprichwort etwas drastisch, *wirst du sterben, ohne ein Mensch gewesen zu sein.* Wenn der junge Vater also sein Kind regelmäßig füttert, wäscht, windelt, tröstet, aufmuntert, mit ihm spielt, mit ihm die Welt entdeckt, dann tut er das an seinem Kind, was er selbst für sich als Bub ersehnte. Er kommt über das Kind zu sich.

Hannes, ein Bäckermeister, der mit zweiundvierzig Jahren sein erstes Kind von seiner jüngeren Frau bekam, schrieb mir: „Ich bin selbst Bäckerssohn. Als ich zehn Jahre alt war, musste ich um vier Uhr aus den Federn, um in der Backstube zu helfen. Wenn ich etwas falsch machte, setzte es Ohrfeigen. Überhaupt hat mich mein Vater viel geschlagen und nie mit mir gescherzt oder gelacht. Er sah in mir lediglich eine Arbeitskraft (und auch noch eine schwache dazu). Es war die Hölle, weil ich bis zur Volljährigkeit, die damals mit einundzwanzig Jahren eintrat, den elterlichen Betrieb nicht verlassen durfte. Ich habe mir damals geschworen, ‚Du setzt nie ein Kind in diese Welt, Kindheit ist etwas Furchtbares'. Meine erste Ehe scheiterte. Sie war denn auch kinderlos. Ich hatte mir eine herrschsüchtige, kühle Frau ausgesucht, genau wie mein Vater.

Meine jetzige Frau ist unglaublich warmherzig. Ich könnte sie den ganzen Tag nur drücken und herzen. Sie ist mir wie ein Wunder bei einer Fortbildung des Bäckerhandwerks über den Weg gelaufen; sie kommt selbst vom Fach. Sie hat mich wieder in die Liebe hineingestreichelt. Sie hat sich sehnlich ein gemeinsames Kind gewünscht. Sie war nämlich eine kinderlose Witwe. Ich habe mich nicht leichten Herzens dazu entschlossen und war bis zum Tag der Entbindung im letzten Winkel meines Herzens noch skeptisch. Aber dann lag unser Maximilian in der Wiege. Ich liebe dieses kleine Wesen so sehr, als ob es der kleine Hannes wäre, der ich einmal gewesen bin. Ich schenke ihm alles Spielzeug, nach dem ich mich in meiner Kindheit gesehnt habe, und beschenke dabei mich. Ich küsse und streichle Maximilian und küsse und streichle dabei den Hannes. Jetzt kann ich auch meine verpfuschte Kindheit beenden. Die Albträume, die immer von der väterlichen Backstube handelten und die mich über Jahrzehnte wie ein Spuk begleiteten, haben sich in Nichts aufgelöst. Ich habe, wie du immer in deinen Vorträgen sagst, die größte Liebesgeschichte meines Lebens, die zu mir selbst, begonnen."

Das Paar kann jedoch mit der Geburt der Kinder auch in verborgene seelische Turbulenzen stürzen und seine Partnerschaft damit gefährden. Denn nicht alle Motive des Kinderwunsches sind lauterer Natur. In dem Grimmschen Märchen *Hans mein Igel* erpresst der harte Großbauer von seiner willensschwachen und depressiven Frau ein Kind, damit er den spottenden Nachbarn seine Potenz beweisen kann. Das Kind kommt denn auch zur Welt, aber es ist *oben wie ein Igel, unten wie ein Mensch* gestaltet. Das heißt es ist, tiefenpsychologisch gedeutet, ein seelisch abweisendes, kommunikationsgestörtes Kind. Es ist voller Urmisstrauen gegen die Menschen. Es hat ja auch allen Grund dazu bei diesen Eisklötzen von Eltern. *Ein Kind, das stört,* befand der Schweizer Kinderpsychologe Jean Piaget, *ist zuvor gestört worden.*

Aber auch die arme, im Verlauf des Märchens früh sterbende Bauersfrau ist nicht schuldlos an diesem Desaster. Der Verdacht liegt nahe, dass sie sich angesichts des groben Ehemannes ein Kind als Liebesersatz und Partner wünscht. Die Funktion eines Kindes kann aber niemals sein, die elterlichen Defizite auszugleichen. Man kann sich unschwer vorstellen, wie eine solche klammernde Mutter ihren „kleinen Mann", wenn er selbst beginnt Frauen zu begehren, nicht loslassen mag.

Eltern delegieren Fremdaufträge an ihre Kinder, die sie in ihrem eigenen Leben nicht einlösen konnten:

„Du sollst einmal eine bessere Partie machen als ich kleine Beamtenfrau. Du sollst Betriebswirtschaft studieren und, anders als ich, das schnelle Geld machen. Du sollst einmal meinen Betrieb, meine Praxis, mein Anwesen fortführen. Du sollt mir die Lebensfreude und Zärtlichkeit bringen, die mir mein Partner, meine Partnerin nicht bietet." Entziehen sich dann die Kinder, erwachsen geworden, diesen Fremdaufträgen, werden sie von den Eltern mit Liebesentzug und Schuldzuweisungen bestraft.

Ein wahres Lebensdrama enthüllte sich, als Florian, ein Einzelkind, meine Praxis aufsuchte. Es ging um den bitterbösen Konflikt mit seiner Mutter, die ihm „Undankbarkeit" und „krasse Selbstsucht" vorwarf. Was war Schlimmes geschehen? Gar nichts. Florian hatte nichts anderes getan, als nach seinem Medizinstudium die fachärztliche Ausbildung nach Australien zu verlegen. Der fünfte Kontinent war schon lange sein Fernweh und sein Jugendtraum gewesen. Die Mutter konnte es nicht verwinden, dass der Sohn, inzwischen immerhin siebenundzwanzig Jahre alt, sie verließ und die Herzlosigkeit besaß, sich auf die andere Seite unseres Planeten zu begeben. Hatte sie ihm nicht alle Fürsorge gespendet und noch in der Universitätsstadt seine Wohnung geputzt und ihm die Wäsche gerichtet?

Genau das war es. Ich bat die Mutter zu einer gemeinsamen Sitzung mit ihrem Sohn. Meine anfängliche Aversion gegenüber dieser Frau ging rasch in

Mitleid über, als ich ihre Lebensgeschichte erfuhr: Anna, eine zarte, aber verbitterte Frau, hatte ein Leben lang unter dem Desinteresse und den wechselnden Affären ihres Mannes gelitten. Sie brachte nicht die Kraft auf, sich von ihm zu lösen oder gar ihre Liebesbedürfnisse in einer Außenbeziehung zu leben. Außerdem war ihr Mann mit seinem Beruf überidentifiziert und frequentierte die häusliche Atmosphäre so wenig wie möglich. In seinem Egoismus wollte er die Frau ganz für sich, das heißt eigentlich mehr für seine eigene reibungslose Versorgung. Ein Kind hätte da nur gestört. Anna hielt die Lieblosigkeit nicht aus. Wie sie in der Sitzung erstmals ihrem Sohn und mir berichtete, zentrierte sich ihr ganzes Leben auf den Wunsch nach einem Kind, das ihre Liebesleere füllen sollte. Ohne den Ehemann darüber zu informieren, setzte sie die Pille ab und ließ sich von ihm schwängern.

Der Mann war über diese Eigenmächtigkeit erzürnt. Er konnte denn auch weder mit dem kleinen noch mit dem größer werdenden Florian etwas anfangen. Es kam nie zu einer ehrlichen Aussprache über Annas Not und die wahre Entstehungsgeschichte des Kindes. Anna umwarb ihren Sohn ein viertel Jahrhundert lang wie einen Geliebten. Sie machte ihn zum Mittelpunkt ihres Lebens. Florian revanchierte sich mit einer hündischen Anhänglichkeit an seine Mutter und einem neurotischen Hass auf den Vater, dem er sein Herz verschloss und dessen Art von Männlichkeit er sich daher auch nicht aneignete. Florian entdeckte bereits mit vierzehn sein Schwulsein. Als er dies nach dem Abitur gegenüber seiner Mutter offenbarte, war diese geradezu erleichtert, wie sie in der Sitzung gestand: „Schließlich brauchte ich ja nicht zu befürchten, ihn an eine Frau zu verlieren."

Florian bezahlte für seine Mutter-Überidentifikation und deren übergriffiges und „kolonialisierendes" Beziehungsverhalten einen hohen Preis: Er schwamm sich bis zum Ende seines Studiums nicht frei und war bis zur Verschlossenheit introvertiert. Er ging nur flüchtige Männerbindungen ein, weil er auch hier das Klammern wie der Teufel das Weihwasser fürchtete.

Mich hat in der zweistündigen Sitzung mit Mutter und Sohn angerührt, dass die Mutter erstmalig ihr Lebensdrama rückhaltlos auspackte und am Ende den Sohn in seine Freiheit entließ. Denn natürlich hatte Florian in seinem Unterbewusstsein längst die Notwendigkeit der Ablösung gespürt und sie durch die „sachliche" Berufsentscheidung vollzogen. Er erzählte seiner Mutter und mir hierzu einen Traum, den er selbst deutete und der für ihn zum Kompass seiner Entscheidung wurde: „Ich stand im weißen Ärztekittel, das Stethoskop um den Hals, an Deck eines Ozeandampfers, der gerade zu einer langen Reise ablegte. Du, Mutter, bist weinend am Kai gestanden, deine Augen voller Vorwürfe auf mich gerichtet. Ich drehte mich jedoch von dir ab und blickte nach Steuerbord, in die Zukunft. Ich spürte nur eines: Da liegt mein Ziel."

Der Mutter habe ich zu ihrem Trost noch das Gedicht von Khalil Gibran über Eltern und Kinder mitgeben. Darin heißt es in unsterblich schönen Formulierungen unter anderem:

Deine Kinder sind nicht deine Kinder.
Sie sind die Söhne und die Töchter
der Sehnsucht des Lebens
nach sich selbst.

Du bist der Bogen,
von dem deine Kinder
als lebende Pfeile
ausgeschickt werden.

Zwar sagt das persische Sprichwort *Der Himmel ist zu den Füßen der Mutter*, aber wie das Beispiel Florians zeigt, sollte das Kind auch zu den Füßen des Vaters sitzen dürfen. Florian hätte, um sich von seiner Mutter, dem libidinösen Urobjekt seines Lebens abzulösen, seines Vaters bedurft. So erstickte er fast in der Übermächtigkeit weiblicher Werte.

Bei einer einseitigen Mutter-Kind- oder Vater-Kind-Beziehung verschwindet auch die Partnerschaft der Eltern selbst aus dem Blickfeld. Das Gleiche geschieht, wenn sie sich mit der Geburt der Kinder nur noch als „Vati" und „Mutti" verstehen.

Hans Jellouschek meint dazu (in *Lebensübergänge in der Paarbeziehung*): *Paare sind beim Übergang in die Familienphase zu sehr in die Mutter- und Vaterrolle geschlüpft, sodass sie sich nicht mehr als Frau und Mann gegenüber stehen. Der Preis dafür ist der Libidoverlust.*

Eine Gefahr dieses Lebensübergangs von der reinen Zweierbeziehung zum Paar mit Kindern ist es, dass die Differenz von Eltern-Paar und Liebes-Paar verwischt wird. Das Paar ist eben nicht nur Mama und Papa, sondern es ist auch noch Mann und Frau, voll heißem Begehren und mit eigenständigen geistigen Räumen, jenseits des Kinderzimmers. Paare wollen und müssen sich auf die Kinder konzentrieren, aber sie dürfen sich ihr Leben nicht ausschließlich von ihnen diktieren lassen. Jedes Paar braucht *Rauminseln* und *Zeitinseln* für sich. Auf ihnen haben die Kinder nichts, aber auch gar nichts zu suchen.

In vielen jungen Ehen dürfen Kinder alles tun, was sie wollen, grundsätzlich jedes Gespräch der Eltern verunmöglichen und zu jedem denkbaren Zeitpunkt in die Rückzugsräume von Vater und Mutter hineinplatzen. Ich habe Paarsitzungen erlebt, in denen Eltern ein dreijähriges Kind mitbrachten, das mit seiner Quengelei, seinem Schreien und seinem ununterbrochenen Interesse-auf-sich-Ziehen die Sitzung platzen ließ.

Das Paar muss für sein Eigenleben kämpfen und eine gewisse Intimität gegenüber den Kindern schützen. Viele Paare erliegen der Ideologie, dass sie rund um die Uhr als Bezugsperson zur Verfügung zu stehen hätten. Das ist grottenfalsch. Selbstverständlich sind Großeltern und Babysitter als Bezugsperson nicht nur zumutbar, sondern für die Ablösung, Kommunikationsfähigkeit und Differenzierung des Kindes sogar unerlässlich. In der Therapie lege ich deshalb einen starken Akzent auf die *Freiräume des Paares*, besonders wenn es von der Kinderbetreuung bis an seine Grenzen erschöpft ist. Ich dränge darauf, dass das Paar noch in meinem Praxisraum einen neuen *Beziehungsvertrag* schließt. Er sollte so konkret wie möglich sein.

Wichtig scheint mir immer, dass das Paar sich einen Abend in der Woche zum gemeinsamen Ausgehen oder für eine schöne Liebesnacht frei hält und eine Kinderbetreuung organisiert. Wünschenswert ist es darüber hinaus, dass Frau und Mann, jeder für sich, noch über einen Abend zur freien Gestaltung verfügen. Meist bewirkt eine solche einfache Regelung einen wahren Hormonschub! Vati und Mutti verwandeln sich wieder, sagen wir, in kleine erotische Raubtiere...

Stichwort Sexualität. Als ich vor Jahren die These *Kinder sind Liebeskiller* veröffentlichte, bekam ich dafür so viel „Prügel“ wie noch nie in meiner psychotherapeutischen Laufbahn. Aber ich stehe dazu: Wo der „Arbeitsplatz Kind“ alle Energien auffrisst und das Baby an der Brust der Mutter zum Konkurrenten des Mannes wird, da greift eine sexuelle Versteppung der Beziehung um sich. Es ist schon ohnehin schwierig, wenn die junge Frau ihre libidinösen Energien auf das bedürftige Kleinkind zentriert. Das kostet viele Kräfte und absorbiert erotische Energien. Sie hat den ganzen Tag über das Schmusen und Kosen mit dem Kind gehabt. Wenn der Mann abends vom Büro zurückkehrt und ihr sexuelle Avancen macht, dann empfindet sie ihn wie einen Sittenstrolch. Jetzt auch noch Sexualität?! Ihre Brüste, die der Mann so begehrt, dienen der „Milchfabrikation“. Sie werden höchstwahrscheinlich von einem monströsen Spezialbüstenhalter gefangengehalten. Und auch bei wohlwollendster Interpretation kann ein Still-BH kaum als erotische Offerte verstanden werden.

Manche Frauen, die sich nur noch als Mutter verstehen, neigen dazu, sich kleidungsmäßig zu vernachlässigen und auch körperlich zu voluminösen „Muttertieren“ zu mutieren. Das ist eine unbewusste Absage und passive Aggression an und gegen die Partnerschaft. Dann nützt es wenig, wenn waschlappige Männer im falschen Versöhnlertum signalisieren: „Ich liebe jedes Gramm an dir.“ In Wahrheit ekeln sie sich vor dem erschlagenden Übergewicht der hypertrophierten Leiblichkeit ihrer einstmals so anziehenden Geliebten. Da wird, aus Angst vor dem Konflikt in der Beziehung, viel gelogen. Die Sexualität bleibt auf der Strecke, das einst so lebendige Ehepaar wird asexuell, muffig und leblos.

Kinder sind für das Paar eine grandiose Liebeserweiterung und Lebensschule. Aber sie sind keine Partner. Das Paar kann an ihnen reifen oder es kann die eigene Partnerschaft aus den Augen verlieren. Eltern haben den Kindern ihre eigene Liebesbeziehung in klarer Distanz gegenüberzusetzen. Je lebendiger sich ein Paar im fortwährenden Entwicklungsprozess seiner Liebe versteht und ohne Heuchelei und Neurosen den Erkenntnisweg von Versuch und Irrtum beschreitet, desto mehr werden die Kinder davon profitieren. Sonst heißt es mit Nietzsche: *Die unaufgelösten Dissonanzen im Verhältnis von Charakter und Gesinnung der Eltern klingen in dem Wesen des Kindes fort und machen seine innere Leidensgeschichte aus.* (*Menschliches, Allzumenschliches*)

Eltern sollten ihren Kindern eine emotionale und erotische Freudengeschichte vorleben.

Das Märchen von der ewigen Leidenschaft

Denn wir wollen uns
nicht nur herzen
sondern auch munden
und hauten und haaren
und armen und brüsten und bauchen
und geschlechten
und wieder handen und fußen

Erich Fried

Nur Tote haben keinen Sex, las ich einmal auf einem Graffito. Aber dafür ist er um so schwieriger für die Lebenden. Über kein Thema wuchern die Spekulationen wilder. Frauen wollen immer seltener Sex, meldete im Jahr 2003 eine Studie. Je länger ein Paar zusammen sei, desto weiter gingen die sexuellen Interessen von Mann und Frau auseinander. Der Hamburger Medizinpsychologe Dietrich Klosmann will herausgefunden haben, in der Anfangsphase der Partnerschaft sei der Sex für beide Seiten befriedigend, doch danach stelle sich die berüchtigte Geschlechterkluft im Verlangen ein: Er will immer, sie selten. Die böse Evolution sei an allem Schuld. Bei Frauen stünde Sexualität vor allem im Dienste der Bindung, daher ließen sie am Anfang mehr zu.

NICHT JETZT,
ICH WAR GERADE
BEIM FRISÖR
TMU

Sex, so will eine Reihe von wissenschaftlichen Studien wissen, vertreibe Stress und Schnupfen. Regelmäßiger Sex ersetze den Arzt oder Apotheker. Eine Langzeitstudie ergab speziell für Männer: Je aktiver sie sind, desto besser ist ihre Gesundheit. Die Wirkung von gesundem Sex reiche von der Abwehr des Schnupfens bis zur Verhütung von Herzinfarkt und Krebs. Außerdem verbessere der erhöhte Testosteronspiegel sowohl die Durchsetzungsfähigkeit als auch die Gedächtnisleistung. Bei Wissenschaftlern gilt die Sexualität als Jungbrunnen für Mann und Frau. Je mehr Sex jemand habe, desto jünger sehe er aus. Zudem mache er schlank: Sechsundzwanzig Minuten inklusive Orgasmus – und die Kalorien einer halben Pizza sind weg. Das wäre dann die neue Sex-Diät.

Drei- bis viermal Sex in der Woche und das Schlaganfallrisiko sinkt um die Hälfte, wollen Mediziner ermittelt haben. Außerdem gebe es kaum ein besseres Schmerzmittel – die beim Sex vom Körper produzierten opiumähnlichen Substanzen würden besonders gegen Gelenk- und Kopfschmerzen helfen. Verschiedene Hormone, die verstärkt ausgeschüttet würden, stärkten das Immunsystem, schützten vor Arterienverkalkung und Osteoporose. Eine Studie stellt die Hypothese auf, dass sexuelle Aktivitäten vor Depressionen schützen.

Sicher ist, die Sexualität ist kompliziert und unterliegt bei Frauen und Männern unterschiedlichen körperlichen und seelischen Bedingtheiten. Überdies hat sie in den unterschiedlichen Lebensphasen des Paares verschiedene Gesichter und wohl auch Funktionen.

Gabriele schreibt und steht damit stellvertretend für fast alle Schreiberinnen und Schreiber, die an diesem Buch mitgewirkt haben: „Am Anfang war unsere Sexualität traumhaft. Wir liebten uns manchmal zweimal täglich und an den verrücktesten Orten. Wir waren unersättlich aufeinander. Als zeitlich nahe aufeinander unsere drei Kinder auf die Welt kamen, flaute die Lust zwischen Frank und mir ab, gelegentlich bis zum Nullpunkt. Aber immer, wenn wir uns beide einen Kurzurlaub ohne Kinder gönnten, war sie verlässlich wieder da. Da Frank ganz in seiner Berufskarriere aufging – er war wirtschaftlicher Leiter eines großen Krankenhauses –, nahm er das eher gelassen hin. Ich hab mich schrecklich mit diesem Sexverlust herumgequält. Ich bin eine sinnliche und temperamentvolle Natur und brauche guten Sex. Meine Enttäuschung und mein Hunger gingen so weit, dass ich eine Zeit lang eine verborgene, aber stürmische Affäre mit dem jungen Sportlehrer meiner ältesten Tochter hatte. Wenn sie das gewusst hätte!

Frank und ich haben damals sicher einige Fehler gemacht. Vor allem sprachen wir nicht über unser erotisches Elend. Wir haben uns einfach angeschwiegen, und ich wurde gelegentlich bissig. Vor allem haben wir beide die Arbeit nicht reduziert und uns zu wenig Zeit für exklusives Zusammensein und damit auch sexuelle Begegnungen gelassen. Es ist kaum zu glauben, aber wir haben jetzt erst, wo wir beide im Rentenalter sind, ein erotisches Buch gelesen, das *Delta der Venus* von Anais Nin. Wir haben es miteinander gelesen und wurden richtig wild dabei. Es ist also noch Glut unter der Asche. Wir reisen nun viel zu zweit miteinander und haben unermesslich Zeit. Wie eine alte Freundin hat sich die Sexualität wieder zu uns gesellt. Ich kann mein Glück kaum fassen!"

Wie schwierig Sexualität ist, und dass sie auf gar keinen Fall selbstverständlich in der Ehe vorausgesetzt werden kann, das erleben meine Schwester, die Diplompsychologin Dr. Maria Theresia Jung, und ich bei unserer Arbeit. Mehrfach im Jahr führen wir im Dr.-Max-Otto-Bruker-Haus Paarseminare durch, die beliebt und immer schon früh ausgebucht sind. Dabei gibt es zwei „Sexgruppen". Um jedem Missverständnis vorzubeugen, wir inszenieren dabei keinen Gruppensex, sondern zwei Gesprächsgruppen, die sich unbefangen, tolerant und ohne moralische Kleinkariertheit über Lust und Last der Sexualität im Alltag aussprechen. Die Partner verteilen sich dabei jeweils auf zwei Gruppen, damit sie sich gegenseitig in der Aussprache nicht durch falsche Rücksichtnahme und Scham behindern.

Nach einer Meditation pflege ich die Frauen und Männer in wichtige Fragen ihrer sexuellen Biografie einzuführen:

Wie war das erotische Klima in deiner Familie? Wurdest du kundig und liebevoll aufgeklärt? War deine sexuelle Initiation schön, armselig, bedrohlich, entwürdigend? Blickst du auf eine reiche oder eher dürftige *vita sexualis* zurück? Wenn du an dein sexuelles Leben denkst, bist du dann befriedigt, beglückt, traurig oder wütend? An welches schönste sexuelle Erlebnis der letzten Jahre erinnerst du dich? Warst du in deiner Sexualität auch öfters wild, frech und grenzüberschreitend? Wie sind deine sexuellen Fantasien, Sehnsüchte und Wünsche? Was möchtest du unbedingt noch sexuell erleben? Wie würdest du deine Sexualität der zurückliegenden zwölf Monate in einer Notenskala von „sehr gut" bis „ungenügend" bewerten? Welche Fragen oder Statements möchtest du in die Gruppe einbringen?

Was die Teilnehmer – natürlich anonym – auf ihren Zetteln notieren und in den Diskussionspool ihrer kleinen Gruppe werfen, enthüllt das uralte Drama der Sexualität. Sie war immer kompliziert und wird es auch immer bleiben. Da geben die Teilnehmer repräsentative Einschätzungen ihrer ehelichen erotischen Situation und nachgerade klassische sexuelle Fragen ab, die uns alle beschäftigen…

Eine Frau: Meine Sexualität bewegt sich zwischen befriedigend und genügend. Wo sind die Verrücktheiten und Wildheiten geblieben? Wie finde ich sie wieder? Ein Mann: Sexualität ungenügend. Das Sprichwort sagt: ‚Wer zu spät kommt, den bestraft das Leben, wer zu früh kommt, den bestraft die Frau.' Heißt das, wenn ich nach zwanzigminütigem Vorspiel einen Orgasmus bekomme, dass ich dann zu früh komme?

Eine Frau: Warum bekomme ich nur bei der Selbstbefriedigung einen Orgasmus? Ein Mann: Meine Sexualität: ausreichend. Meine Frage: Gibt es Erfahrungen über gemeinsame Selbstbefriedigung?

Eine Frau: Meine Sexualität: ausreichend. Findet Ihr erotische Fesselspiele geil? Ein Mann: Meine Sexualität: ungenügend. Mein Wunschthema: Außerehelicher Sex.

Eine Frau: Meine Sexualität: gut. Mein Thema: Erfahrungen mit ‚Hilfsmitteln' wie Vibrator oder ähnlichen Dingen. Ein Mann: Meine Sexualität: ungenügend. Gibt es auch einfach Sexualität ohne Gefühle?

Eine Frau: Meine Sexualität: befriedigend. Ich bin sehr auf weibliche Brüste fixiert. Darf ich das? Für was steht das? Ich bin eine Frau! Ein Mann: Meine Sexualität: befriedigend. Mein Thema: Partnertausch.

Eine Frau: Meine Sexualität: ungenügend. Ich möchte über meine Scham sprechen. Könnt Ihr anderen Frauen in der Sexualität Euch loslassen und total entspannen? Ein Mann: Meine Sexualität: ungenügend. Warum ist Sexualität so wichtig? Ist das unnormal, dass ich es nicht so annehme, dass es keinen großen Stellenwert für mich hat?

Eine Frau: Meine Sexualität: gut. Wann beginnt missbräuchliche Sexualität? Ein Mann: Meine Sexualität: gut. Meine Frage: Könnt Ihr Sexualität unabhängig von gegenwärtigen Konflikten genießen?

Ein Mann: Meine Sexualität: gut bis befriedigend. Wie schaffe ich es als Mann, länger zärtlich zu sein, ohne Penetration? Eine Frau: Eheliche Sexualität: nicht vorhanden. Meine außereheliche Sexualität: sehr gut. Ich pflege meinen bettlägerigen Mann seit fünf Jahren. Er kann mir keine Lust mehr geben. Ich erlaube mir seit zwei Jahren sanfte erotische Treffs mit einem verheirateten Kollegen, dessen Frau ebenfalls chronisch krank ist. Ist das eine schwere Sünde?

Ein Mann: Meine Sexualität: gut. Ist es legitim, sexuelle Befriedigungen für sich zu wünschen, auch wenn der Partner nicht so oft will? Eine Frau: Mit fünfundfünfzig Jahren habe ich keine rechte Lust mehr auf Sex. Ist das normal?

Es ist eine der großen Lügen, dass eine gute Beziehung immer auch gute Sexualität beinhaltet, und dies noch dazu ohne Unterlass. Eine Frau fragt zu Recht: Wie bleibt Sex aufregend und ergiebig für beide? Der renommierte Sexualwissenschaftler Gunter Schmidt meint dazu in seiner Studie *Das große Der Die Das*: *Da ist zunächst die Hoffnung, die illusionäre Hoffnung, Paarbeziehungen ließen sich auf Dauer mit intensiver Sexualität, wie sie etwa in Phasen der Verliebtheit erlebt wird, vereinbaren. Das kann nicht sein, da Nähe, die sich ergibt aus dem Zusammen-Wohnen, aus dem Zusammen-Schlafen, aus dem Zusammen-Essen, aus dem Zusammen-Freizeit-Machen, eventuell noch aus dem Zusammen-Kinder-Aufziehen, auch noch die Nähe oder Symbiose im Sexuellen aushält, sondern bestenfalls die Distanz einer vielleicht gerade noch liebevoll befriedigenden Sexualität. Die Tendenz, Liebe mit perennierender* (ewig währender – M. J.) *Lust gleichzusetzen, ist eine Illusion, eine kindlich-naive Projektion oder eine Ideologie der totalen Konsumgesellschaft.*

Deswegen steckt unsere Sexualität auch voller unerlöster Sehnsüchte. Jeder von uns kann mindestens eine Hand voll erotischer Witze erzählen. Der Witz und seine Beziehung zum Unbewussten, um einen Titel von Sigmund Freud zu verwenden, ist ein Kapitel für sich. Er zeigt, mehr als unserer bürgerlichen Wohlanständigkeit und Prüderie lieb ist, machtvolle Wünsche, versteckte Lüsternheit und nervtötende Verdrängungen. In der entspannten Stimmung einer Selbsterfahrungsgruppe, besonders während der therapeutischen Arbeit über das sexuelle Elend, sprudeln die Teilnehmer ihr humoristisch-erotisches Repertoire nur so heraus. Der folgende Witz ist mir besonders in Erinnerung geblieben, weil er die – durchaus normalen – versteckten Sehnsüchte eines Paares drastisch und unverblümt offen legt:

Ein Geschäftsmann sendet ein Fax an seine Frau: *An meine liebe Ehefrau: Du verstehst sicher, dass ich gewisse Bedürfnisse habe, die du, mit mittlerweile vierundfünfzig Jahren, nicht mehr befriedigen kannst. Ich bin sehr glücklich mit dir und schätze dich als eine gute Ehefrau. Deshalb hoffe ich, dass du es nicht falsch verstehen wirst, wenn du nach diesem Fax wissen wirst, dass ich mit Vanessa, meiner achtzehnjährigen Sekretärin, im Hotel Comfort-Inn sein werde. Aber sei nicht beunruhigt, ich werde vor Mitternacht wieder zu Hause sein.*

Als der Mann wieder nach Hause kommt, findet er auf dem Esszimmertisch folgenden Brief: *Mein lieber Ehemann, ich habe dein Fax erhalten und danke dir für deine Ehrlichkeit. Bei dieser Gelegenheit möchte ich dich daran erinnern, dass du inzwischen auch vierundfünfzig Jahre alt bist. Gleichzeitig setze ich dich davon in Kenntnis, dass, während du diesen Brief liest, ich mit Michael, meinem Tennislehrer, der wie deine Sekretärin auch achtzehn Jahre alt ist, im*

Hotel Fiesta sein werde. Als erfolgreicher Geschäftsmann und mit deinen exzellenten Kenntnissen in Mathematik verstehst du natürlich, dass wir in der gleichen Situation sind, jedoch mit einem kleinen Unterschied. 18 geht öfter in 54, als 54 in 18 ... Und darum brauchst du vor morgen früh nicht mit mir zu rechnen. Einen dicken Kuss von deiner Frau, die dich wirklich versteht!

Wenn Paare, aber auch Psychologen, Lebensberater oder Lebenshilfeautoren das große Glück dauernder Leidenschaft predigen, so erzählen sie Märchen. Langzeitbeziehungen *und* leidenschaftliche Sexualität dürften die Ausnahme bilden. Was diese „Experten" pflegen, ist das Klischeebild der romantischen Liebe. Die Tendenz einer vitalen Ehe liegt in ihrer Fürsorge, Kumpelhaftigkeit, Verlässlichkeit und Vertrautheit, kurz in ihrer Bindungskraft, nicht im sexuellen Kick und Thrill. Paare werden sich im Laufe eines Lebens so eng, aber auch so desillusionierend vertraut, dass ihnen die Fremdheit, das Erregende und damit die Lust stark abhanden kommen. Männer verlieren sich überdies im Beruf, Frauen in der Familie. Ein abgeschlaffter Büro-Ehemann und eine Frau im Hausfrauenkittel werden mit hoher Wahrscheinlichkeit abends nicht mehr nackt über den Teppich toben und ekstatisch stöhnen.

Die Frauenzeitschrift *Brigitte* behauptete einmal (20/99): *Guter Sex ist die Grundlage einer guten*

Beziehung. Glückliche Paare haben eine befriedigende Sexualität. Das ist die Liebeslüge schlechthin. Denn sie unterstellt, wer keine befriedigende Sexualität habe, der lebe in einer schlechten Ehe.

Ich würde mir dieses Urteil über eine Ehe nie anmaßen. Ich erlebe im Gegenteil, wie wertvoll und Respekt gebietend viele Beziehungen sind, auch und gerade, wenn die Leidenschaft erlischt. Partnerschaft und Sexualität sind eben nicht untrennbar miteinander verbunden. Sie können deckungsgleich sein, aber sie müssen es nicht. Partnerschaft und gute Sexualität zusammenzuführen, bedeutet genau das, was der Titel meines Buches anzeigt: Liebesarbeit.

In langjährigen Beziehungen geraten wir gegen unseren Willen in die Nähe von Bruder-Schwester-Verhältnissen, Kumpel-Koalitionen, nicht selten auch von Mama-und-Papa-Beziehungen. Aber, wie wir wissen, schlafen weder Bruder und Schwester, noch Kumpel, noch Kinder und Eltern miteinander. Tatsächlich jedoch reichen diese Übertragungsmuster bis in die Schlafzimmer.

Walter, Berufsschullehrer, Mitte fünfzig, zwei Kinder, analysiert die geheime Textur seiner sexarmen Ehe so: „Brigitte liebe ich von ganzem Herzen. Ich könnte mir keine bessere Frau vorstellen. Sie hat unsere beiden Töchter vorbildlich aufgezogen und dafür sogar ihre berufliche Tätigkeit aufgegeben. Vor zwei Jahren ist sie wieder in den Schuldienst zurückgekehrt. Wir sind ein glänzendes Arbeitsteam. Wir haben ein Haus gebaut, eines wieder verkauft, ein zweites gekauft. Brigitte und ich haben zusammen – wobei sie den Löwenanteil leistete – meine Mutter und ihren Vater bis zum Tod gepflegt. Dabei haben wir noch einen riesigen Garten gepflegt, Gemüse gezogen und für unsere Töchter zwei Pferde gehalten. Wir haben geschuftet bis zum Umfallen. Wir sind regelrechte Arbeitstiere.

Dabei ist die körperliche Liebe von Jahr zu Jahr schwächer geworden. Die Arbeit hat uns buchstäblich aufgefressen. Wenn ich ehrlich bin, so muss ich zugeben, dass ich meine Frau auch nicht mehr als reizvolles sexuelles Wesen wahrgenommen habe, sondern als Organisationsgenie und Arbeitspartner. So hat umgekehrt Brigitte wohl auch mich empfunden. Wenn sie mir etwas Liebes sagen wollte, meinte sie immer: ‚Du bist ein handwerkliches Genie. Dafür müsstest du den Nobelpreis bekommen.‘

Eigentlich hätte ich lieber den Nobelpreis im Bett entgegengenommen. In meiner (Herkunfts-) Familie – mein Vater war im evangelischen Kirchendienst – habe ich nicht gelernt, über Sexualität zu sprechen. So war Sex auch zwischen Brigitte und mir ein Tabu. Wenn wir es machten, haben wir vorher das Licht gelöscht. Brigitte ist die Tochter einer Kriegerwitwe, da war das Thema ohnehin verpönt. Da meine Frau ihre immense Arbeit für mich und die Kinder trotz einer ständig kränkelnden Grundkonstitution erbrachte, traute ich mich erst recht nicht, sie sexuell zu ‚belästigen‘.

Hätte ich doch nur über meine Wut gesprochen! Im Schulkollegium machte ich immer den hübschen Kolleginnen Stielaugen und entführte sie in meine einsamen sexuellen Fantasien. Passiert ist natürlich nichts, dafür war ich viel zu ängstlich. Erst jetzt bei dir in der Paartherapie können Brigitte und ich über das schwierige Kapitel Sexualität sprechen. Prompt wird es bei uns im Bett auch wieder lebendiger. Zum ersten Mal gesteht Brigitte mir ihre Wünsche und erotischen Fantasien. Es ist, als ob mit unserem Sprechen ein Damm zu brechen begänne.“

Vielleicht wäre es, im Sinne eines partnerschaftlichen Realismus, wichtig, die Vorstellung von der blendenden, stets wie geölt funktionierenden Sexualität als völlig überzogene Norm einer Konsum- und Spaßgesellschaft über Bord zu werfen. Ich werde den Verdacht nicht los, dass wir manchmal weniger an der schlechten Sexualität als an einem unerreichbaren Idealbild aus den Medien und unserer übertriebenen *Erwartung* leiden. Es scheint mir wichtig, an die Stelle eines solchen Wunschdenkens und sexueller olympischer Spitzenleistungen das maßvolle Ziel einer *ausreichend guten* Sexualität zu setzen.

Das Abflauen der sexuellen Ergriffenheit ist so natürlich wie die Flaute beim Segeln. Doch unter dem öffentlichen Meinungsdruck (*ohne Sexualität bist du kein richtiger Mann/keine richtige Frau*) erleben wir nachlassende erotische Strebungen als Katastrophe. Gunter Schmidt schildert diese von uns selbst hochgeputschte Krise: *Eine solche „intakte", aber im Vergleich zum Anfangsrausch etwas langweilig gewordene Sexualität beunruhigt und verängstigt viel stärker als früher ... Die ‚Trivialisierung der Sexualität' wird zur Bedrohung der Partnerschaft, deren wichtigster Halt eben oft nur noch Emotionen sind. Beide sind enttäuscht und voll heimlicher Wut, dass das Gefühl der Lebendigkeit gedämpft, das Begehren und Begehrtwerden, die Aufregung in der Nähe des anderen, die Freude, zusammen zu sein, sich abschwächen. Beide glauben, dass der andere ihre Erlebnismöglichkeiten stiehlt.*

Ausreichend gute Sexualität bedeutet natürlich nicht, Selbstgenügsamkeit und Resignation, Faulheit im Bett und in der Fantasie. Sexualität ist Ausdruck und Form einer Beziehung, und an jeder Beziehung muss gearbeitet werden. In der Paartherapie kennen wir das Wort von der *sexuellen Kultur*. Das Wort *Kultur* stammt von dem römischen Wort *colere*, das bedeutet *Ackerarbeit betreiben, kultivieren*. Deswegen ist es wichtig, sexuelle Störungen als Beziehungsstörungen zu begreifen, denn in den seltensten Fällen sind sie anatomisch, medizinisch oder „innersexuell" bestimmt.

Sexualität ist der intime Ausdruck der eigenen frühkindlichen Prägung, der Lebensgeschichte, des Geschlechtstypus und der Beziehungsstruktur. Wenn die Sexualität schlapp wird oder versiegt, dann müssen ihre tiefen Schichten von beiden Partnern ergründet werden. Es kommen oft die wunderlichsten verborgenen Antriebskräfte und Hemmungen zutage. In der Therapie begegnen sie einem täglich.

Charlotte, sechsunddreißig, Mutter eines Kindes, kam mit ihrem Mann Johannes, gleichaltrig, wegen schlechter Sexualität in meine Praxis. Sie gab freimütig zu, dass sie diejenige in der Beziehung sei, die die Sexualität abblocke. Das sei um so seltsamer, als sie es gewesen sei, die am Anfang, wie sie launisch formulierte, nicht genug kriegen konnte.

In der Paartherapie tappten wir einige Zeit im Dunkeln. Dann betrachteten wir in einer Einzelstunde Charlottes seelische Entwicklungsgeschichte. Wir wurden prompt fündig. Was ich nicht wissen konnte: Charlotte hatte hartnäckige Essstörungen vom zehnten bis zum zweiundzwanzigsten Lebensjahr hinter sich. Sie war übergewichtig gewesen und fungierte in ihrer Klasse als „Pummel“ und „erotische Katastrophe“, wie die grausamen Klassenkameradinnen spotteten. Bei der harten Konkurrenz zwischen den Mädchen gelang es ihr nicht, einen Jungen „an Land zu ziehen“. Voller Schrecken malte sie sich als Zwanzigjährige das Bild einer überall abgewiesenen „alten Jungfer“ aus. Als ihr Vater plötzlich nach einer Bypassoperation starb und die Mutter fünfhundert Kilometer weiter in ihre alte Heimat zurückzog, erwachte Charlotte zum eigenen Leben: „Ich erkannte, Mama und Papa können mich jetzt nicht mehr beschützen. Ich muss auf eigenen Beinen stehen. Ich muss etwas tun."

In einer Schwarzwälder Kurklinik speckte Charlotte zwanzig Kilo ab. Sie stellte ihre Ernährung um. Sie begann zu joggen und viermal in der Woche Tennis zu spielen. Das tut sie heute noch. Sie studierte Medizin. Aus dem hässlichen Entlein wurde eine schöne Schwänin. Auf dem Tennisplatz begegnete ihr denn auch Johannes. Johannes war groß, schlank, jedoch seelisch verschlossen und introvertiert. Er war Frauen gegenüber reserviert und hielt sich lieber an seinen Freundeskreis. Da beschloss Charlotte, durch ihre Schönheitsmutation mutig geworden, ihn zu erobern und zu verführen. Es gelang ihr auf Anhieb. Sie war selig.

Charlotte warb auf eine besondere Weise um Johannes, auch noch in der jungen Ehe: „Ich empfand es immer als eine Art Sieg, wenn ich ihn zum Sex verführte. Ich zog kurze Röcke an, knöpfte meine Bluse über die Grenzen der Schicklichkeit auf, schminkte mich toll, wackelte mit den Hüften. Ich brauchte die Eroberung von Johannes und seine sexuelle Begierde, damit ich mich als Frau fühlte. Ohne Johannes hätte ich sozusagen in meiner weiblichen Identität nicht existiert. Das habe ich damals natürlich nicht begriffen. Es ging dann so einige Jahre, bis ich selbstbewusster wurde. In meinem Beruf als niedergelassene Kinderärztin hatte ich Erfolg. Ich war jemand. Ich registrierte auch, dass mir die Männer hinterherschauten und meine Nähe suchten. Jetzt brauchte ich die sexuellen Existenzbeweise durch Johannes nicht mehr. Ja, ich kam mir sogar nuttig vor, wenn ich ihn wie früher so anmachte. Ich schämte mich."

Aus Charlottes Scham wurde eine unbewusste Blockade. Durch die Paartherapie vermochte sie zu lernen, *zweckfrei* und einfach lustvoll mit ihrem Johannes zu schlafen. Er wiederum lernte, ebenfalls in Einzelsitzungen, seine schizoide, gefühlsabspaltende Wesenhaftigkeit zu erkennen, ihre Wurzeln zu analysieren und seine tief sitzende Angst vor Nähe zu überwinden. Er durfte den lustvollen Eroberer in sich entdecken und seine Angst ablegen, von einer Frau, wie ehedem von seiner Mutter, „verschlungen" zu werden.

Johannes bekannte, zu Charlottes schmerzlicher Überraschung, in einer gemeinsamen Sitzung: „Ich konnte es nie zugeben, aber deine verzehrende Sexualität hat mir immer etwas Angst gemacht. Weil ich den starken Mann spielen musste, habe ich mitgemacht. Aber deine rauschhafte Sexualität hat mein Bedürfnis nach Selbstständigkeit bedroht. Ich hatte immer Angst, dabei mich selbst zu verlieren und dir hörig zu werden. Als du dann begannst, dich aus mir unbegreiflichen Gründen erotisch zurückzuziehen, verstand ich die Welt überhaupt nicht mehr. Ich dachte immer: ‚Bin ich nicht mehr attraktiv genug für dich?'"

Sexualität kann so ziemlich für alles herhalten. Sex kann zur Betäubung von Verlustängsten dienen, als Instrument zur Beherrschung des anderen, als Tauschmittel für Vergünstigungen des Partners, als Überbrückung der Einsamkeit, als Selbstbestätigung, als Abwehr depressiver Gestimmtheiten, als Dialogangebot und vieles mehr. Jeder von uns hat seine jeweils eigene Sexualität und ihre Vorgeschichte dazu.

Gunther Schmidt registriert: *Wie die kollektiven Formen des sexuellen Erlebens und Verhaltens durch gesellschaftliche Bedingungen entstehen, so entsteht sexuelle Eigenart: in dem ganz persönlichen Trieb-Beziehungs- und Geschlechtsschicksal. Deshalb haben Menschen unterschiedliche Vorlieben und Abneigungen für bestimmte Partner, unterschiedliche Vorlieben für bestimmte Praktiken, unterschiedliche sexuelle Fantasien und Tagträume; deshalb erleben sie unterschiedliche Situationen als sexuell besonders aufregend oder erotisch; deshalb tendieren einige Menschen zu häufigem Partnerwechsel, während sich andere entlastet der Forderung nach lebenslanger Monogamie anpassen; und deshalb erleben einige Menschen die Sexualität als Geborgenheit und Nähe, andere als Kampf und Auseinandersetzung. Ob homosexuell oder heterosexuell, „normal" oder „pervers", „gestört" oder „ungestört", es gilt folgende Aussage: In der Sexualität sind die Trieb- und Beziehungsgeschichte und die Geschichte der Geschlechtsidentität eines Men-*

schen verschlüsselt, unsere Sexualität ist das verdichtete Abbild dieser Erfahrungen.

Daher heißt es, immer wieder um eine ausreichend gute Sexualität zu kämpfen. Champagner, Kerzen und Strapse sind nicht zu verachten, leisten das aber auf die Dauer nicht. Die Partner selbst müssen sich ein Stück fremd bleiben und interessant finden. Immer wieder müssen sie ein Stück Distanz zwischen sich herstellen: Erwartung, Neugier, Spannung. Vor allem aber müssen sie die klassischen Sexkiller meiden: Berufliche Überlastung. Totales Aufgehen in den Kindern. Tag- und Nachtbetreuung alternder Eltern (ohne sich Hilfe zu holen). Bigotte Religiosität. Alkoholmissbrauch und Nikotinsucht – die Todfeinde männlicher Potenz. Fernseh- und Computersucht – die Erbfeinde aller Kommunikation.

Gute Sexualität entsteht auf dem Hintergrund gelernter und immer wieder neu praktizierter Zärtlichkeit, wie das Frauen und Männer in meinem Buch *Zeit für Zärtlichkeit. Das Abenteuer der Zuwendung* hinreißend beschrieben haben. Sexualität basiert auf liebevollen Zuwendungen, kleinen Überraschungen, Gesten der Liebe. „Der Beischlaf am Abend“, meinte einmal eine Frau in einem meiner Seminare, „beginnt für mich mit dem Kuss am Frühstückstisch.“

Ein kreuzbraver, monotoner Ehealltag vertreibt jede erotische Spannung. Denn scharfe Sexualität und Leidenschaft sind ihrem Wesen nach affektiv, flüchtig und situativ. Zu viel Vertrautheit macht die Lenden müde. Rosemarie bemerkt dazu: „Mit meinem Mann Robert habe ich zwei Kinder und ein behindertes Pflegekind. Die drei kosten uns natürlich viel Kraft, wir lieben sie ja schließlich. Robert hat eine eigene Firma und kann zum familiären Alltag, abgesehen von den Abenden, nicht viel beitragen. Am Samstag muss er oft noch in seinen Betrieb, um unerledigtes Schriftliches aufzuarbeiten. Dafür habe ich Verständnis, vor allem jetzt in den Zeiten der wirtschaftlichen Rezession. Darüber ging uns die Sexualität flöten. Es hat uns beide beunruhigt, denn wir haben uns sehr gern und passen prima zueinander.

Eine Psychologin, die wir deswegen aufsuchten, hat uns auf gute Ideen gebracht. Unter anderem machen wir jetzt regelmäßig einmal im Vierteljahr einen Kurzurlaub in Form eines Städtetrips. Wir fliegen dann nach Lissabon, Rom, Stockholm, Prag, Wien oder Paris. Dann leisten wir uns ein Luxushotel. Ich packe ‚sündige' Unterwäsche ein. Am Abend treffen wir uns in der Bar des Hotels. Beide sind wir schick aufgebrezelt. Robert weiß vorher nie, welche neuen Klamotten ich anhaben werde. Wir flirten dann miteinander, als ob wir uns nie gesehen hätten. Er spendiert mir Champagner. Er murmelt mir freche Sachen ins Ohr. Er wird mit seinen Händen unverschämt. Das genieße ich. Wir schleichen uns dann mit heißen Ohren in unser Zimmer zur Liebesnacht hinauf – wie zwei Teenager beim ersten Mal."

Das ist es. Noch einmal Gunter Schmidt: *In festen Beziehungen sind intensive sexuelle Erlebnisse nur möglich, wenn sie Ferne schaffen. Gerade geschaffene Ferne wieder überwinden; nicht aber in der alltäglichen Harmonie, selbst wenn sie stimmt und keine Selbsttäuschung ist. Die alltägliche Sexualität in festen Beziehungen, ihre Trivialisierung ist übrigens nicht einfach Abstumpfung, Langeweile, Gleichgültigkeit, sondern ein durchaus notwendiger und sinnvoller Schutz der eigenen Autonomie, der eigenen Identität vor „Selbstauflösung", ein wichtiges Ventil in der Nähe-Distanz-Bilanz. Außerdem setzt sie den Menschen frei für nicht-private Aktivitäten.*

Natürlich verlangt eine ausreichend gute Sexualität auch ein gewisses Maß konstruktiver Aggression, „dirty words", lustvolle Überrumpelung, erotische Kenntnisse. Paare sollten unbedingt *allein und gemeinsam,* spannende erotische Literatur lesen. Von Boccacios *Decamerone*, einer gepfefferten erotischen Schwänkesammlung aus dem vierzehnten(!) Jahrhundert, bis hin zu Henry Millers *Wendekreis des Krebses* und feministischen Erotikabänden wie *Mein heimliches Auge* aus dem Tübinger Konkursbuchverlag gibt es ein breites Spektrum appetitanregender, Grenzen erweiternder und köstlich informierender Literatur.

Hilfreich ist es auch, in einem einstündigen Zwiegespräch nach Lukas Michael Moeller aus der Tiefe heraus über die gegenseitigen sexuellen Fantasien und Wunschträume zu sprechen. Wie das Zwiegespräch funktioniert, habe ich in meinem Buch *Das sprachlose Paar* ausführlich beschrieben. Vorgestellt habe ich dort auch die Möglichkeit von *Liebesverträgen*, in denen man Modalitäten der Zärtlichkeit wie der Sexualität regeln kann. Zum Beispiel, dass wir uns beim Abschied morgens und beim Wiedersehen abends einen dicken Kuss geben. Dass wir uns einmal am Tag lange drücken. Dass wir zum Arbeitsausklang einen Spaziergang Hand in Hand machen. Dass wir einmal werktags und einmal am Wochenende einen frühen Kuschelabend, Sex inklusive, fest einplanen.

Ewige Leidenschaft, das ist ein Märchen. Aber dass wir nicht ewig leben, das sollte unsere Leidenschaft beflügeln. Der römische Dichter Decimus Ausonius, sagt es knapp in einem Epigramm: *Wir werden alt, die Zeit flieht dahin: Nütze deine Lenden!*

Schwiegerfeinde oder Schwiegereltern?

Ein Streit geht immer von zwei Seiten aus,
die Schuld trifft nie einen allein.

Chinesisches Sprichwort

Der Übergang von der Zweisamkeit zur Dreisamkeit mit der Geburt des ersten Kindes bringt offenbar erhebliche Probleme mit sich. In vielen Untersuchungen spiegelt sich wider, dass dies bei neunzig Prozent aller Paare erhebliche Konflikte auslöst. Junge Frauen sind in der Nacht völlig überlastet, Männer fühlen sich aus dem Zentrum weiblicher Beachtung und Fürsorge an den Rand der Dreieckskonstellation gerückt. Der Mann ist gekränkt, weil das Kleinkind alle Aufmerksamkeit auf sich zieht. Die junge Mutter kann nicht begreifen, dass der Ehemann nicht versteht, welche Kraft ihr das kleine Menschlein abverlangt. Sie muss ihren gesamten Alltag umorganisieren und sich an die neue Rolle gewöhnen.

Wie wir gesehen haben, herrscht dann im Ehebett oft sexuelle Ebbe. Die Mutter ist von dem vielen Stillen und der nächtlichen Versorgung des Babys und oft noch von den Nachwirkungen der Geburt erschöpft. Durch die vielen Körperkontakte und das ununterbrochene zärtliche Zusammensein mit

WILLKOMMEN, SCHWIEGERMUTTER!

dem Kind erhält sie Streicheleinheiten wie nie zuvor in ihrem Leben. Sie spürt wenig Sehnsucht nach anderen Zärtlichkeiten, geschweige denn nach der Sexualität ihres Mannes. So gesehen ist es kein Zufall, dass es gerade in der Kleinkinderphase junger Ehen zur Außenbeziehung des Mannes kommt. Der steht dann als das moralische Schwein da – eine junge Mutter betrügen!!! Tatsächlich reagiert er, zweifellos unzulässig, auf seine Entbehrungssituation mit diesem Fluchtversuch.

Durch die Geburt des Kindes gewinnen aber vier Personen im Leben des Paares, die bis zu diesem Zeitpunkt bereits existierten, besondere Bedeutung: Die Eltern des Mannes, die Eltern der Frau. Das junge Paar hat sie zu Großeltern gemacht. Diese genießen den neuen Status. Sie freuen sich in der Regel mächtig über das Enkelkind – und mischen sich ein. Es ist besonders die Mutter des Mannes, also die Schwiegermutter der jungen Frau, die nicht selten tief greifende Konflikte provoziert. In der öffentlichen Darstellung haben Schwiegermütter seit jeher eine schlechte Presse. In der Sammlung *Die deutschen Sprichwörter* des großen Germanisten Karl Simrock (1802–1876) lesen wir zwei Eintragungen: *Schwiegermutter – Tigermutter* und: *Schwiegermutter – Teufels Unterfutter*.

Worum geht es in diesem klassischen Konflikt, der sich an der Schwiegermutter festmacht? Schwiegermütter werden oft als Scheidungsgrund genannt.

Rund vierzig Prozent der Frauen in Deutschland bezeichnen ihr Verhältnis zur Schwiegermutter als problematisch. Schwiegerväter stellen ein erheblich geringeres Problem dar.

Schwiegermutter – Teufels Unterfutter? So kommt man dieser hochkomplexen Beziehung natürlich nicht bei. Beide Parteien, die Schwiegertochter wie die Schwiegermutter, haben ein Recht auf ihre jeweilige Wahrheit. Nehmen wir zunächst einmal die Perspektive der Schwiegertochter ein.

Doris, eine knapp vierzigjährige Modedesignerin, gut ausgebildet und emanzipiert, erlebte die „Invasion“ der Schwiegermutter so: „Mein Mann Bernhard und ich haben eine inzwischen elfjährige Tochter, Susanne, und einen neunjährigen Sohn, Tobias. Während ich meinen Schwiegervater nett fand und der alte Knabe sogar reizend mit mir flirtete, befand ich mich von Anfang an in einer Schieflage zu meiner Schwiegermutter. Ich hatte immer das Gefühl, eine Diebin zu sein. Hatte ich ihr doch ihren geliebten einzigen Sohn gestohlen, den sie ihrer eigenen Tochter immer vorgezogen und wie einen Augapfel gehütet hatte! Ich war, so empfand ich, in ihren Augen nicht gut genug für ihn. Aber konnte es überhaupt eine Prinzessin geben, die vor ihren Augen Gnade gefunden hätte?

Noch in den ersten Jahren meiner Ehe pflegte meine reiche Schwiegermutter Bernhard zum Shopping mitzunehmen und ihm Hemden, Hosen und handgenähte teure Schuhe zu kaufen. Wir allein hätten uns das gar nicht leisten können. Das fuchste mich ungemein, weil sie die Finger nicht von ihm lassen konnte und ihn in ihrer konservativen Art wie einen Banker einkleidete. Schließlich war Mode doch mein Fach! Sie verlangte – und setzte durch –, dass Bernhard zweimal in der Woche bei ihr und ihrem Mann zu Abend aß; ich war ausgeschlossen. Wenn er seine Mutter am Wochenende nicht zwei bis drei Stunden besuchte, war sie beleidigt. Sie schmollte so lange, bis das Muttersöhnchen Bernhard wieder auf Knien zu ihr kroch.

Kaum waren Susanne und Tobias geboren, nahm meine Schwiegermutter sie auch schon in Beschlag. In ihren Augen machte ich natürlich alles falsch. Selbst das Anlegen der Babys an die Brust wollte sie mir jedes Mal neu beibringen! Ihre Ratschläge prasselten auf mich herein. Wenn bei mir einmal nicht aufgeräumt war, so nahm meine Schwiegermutter Staubsauger und Putzlappen, saugte und wienerte alles auf Hochglanz. Das war zwar gut gemeint, aber es demütigte mich. Ich kann auch heute noch nicht begreifen, warum ich mich so entmündigen ließ. Aber meine Schwiegermutter ist eine dominante Frau. Sie duldet auch in ihrer eigenen Ehe keinen Widerspruch.

Am schlimmsten war, dass sie in unsere Ernährung eingriff. Weil meine Kinder öfter kränkelten, Tobias eine Neurodermitis hatte und beide an chronischen Infektionen litten, hatte ich, durch die Begegnung mit einer Gesundheitsberaterin inspiriert, unsere Ernährung auf Vollwertkost umgestellt. Das heißt, ich schmiss den Fabrikzucker, die Margarinen und die Auszugsmehlbrote aus dem Haushalt. Ich vermied tierisches Eiweiß – wegen Tobias. Ich machte ein Frischkorngericht zum Frühstück und ernährte meine Lieben unter anderem mit viel Salat und Gemüse vom Bio-Bauernhof. Die Kinder gesundeten rasch und gediehen prächtig. Meine Schwiegermutter behauptete das Gegenteil: ‚Fleisch macht kräftig. Kinder müssen wachsen. Bei der Körnerfresserei werden sie anämisch und bekommen Intelligenzschäden.'

Sie boykottierte mich bei jeder Gelegenheit. Sie fütterte Susanne und Tobias, wenn sie bei ihr zu Besuch waren, mit Bonbons, Snickers, Fertigpuddings, Eis und viel Wurstaufschnitt. Dabei hetzte sie gegen die ‚strenge' Mama und verunsicherte meine Kinder. Ich habe das jahrelang ausgehalten. Dann habe ich furchtbar Krach geschlagen. Das Ergebnis ist, dass jetzt seit zwei Jahren zwischen meinen Schwiegereltern, mir und den Kindern Funkstille herrscht. Nur mein Mann hält den Kontakt mit gelegentlichen Telefonaten aufrecht. Glücklich bin ich über diese ganze Situation nicht."

Man kann den Groll von Doris verstehen. Doch sie ist in dieser Auseinandersetzung nicht nur Opfer, sondern auch Täterin, unbewusst und bewusst. Nehmen wir jetzt einmal die Sicht der Schwiegermutter ein. Da kommt eine bildschöne Schwiegertochter und gewinnt das Herz ihres Sohnes. Der eigene Ehemann ist ganz verzaubert von der jungen Frau. Dieser alte Stiesel, der sich vielleicht seit Jahren nicht mehr um seine Frau bemüht, blüht plötzlich auf und gockelt wie ein Hahn vor der jungen, noch so unreifen Frau. Das sitzt.

Zur gleichen Zeit löst sich der Sohn aus der engen Mutterbindung. Er, der ihr alles war, taucht kaum mehr im Elternhaus auf, ist verliebt bis über beide Ohren, plappert alles seiner jungen Frau nach und hat jede Menge Geheimnisse mit ihr. Mutter „Ödipussi" ist quasi arbeits- und stellungslos geworden. Das sitzt.

„Mutti" wusste selbstverständlich immer, wie ihr Sohn am liebsten sein Wiener Schnitzel und seine Marillenknödel hatte. Jetzt füttert ihn diese dürre Modehippe mit Körnern und Müsli ab, sodass er „vom Fleisch fällt". Früher war er so herzig mollig! Er will das doch gar nicht! Die Mutter hat gegenüber ihrem Sohn die Lufthoheit in der Küche verloren. Das sitzt.

Bernhard ist doch so ein hübscher Junge. „Mutti" weiß, wie schmuck er in gediegenem Tuch aussieht. Er ist doch jetzt Abteilungsleiter und muss was darstellen. Doch dieses verrückte Huhn von Frau kauft ihm ständig billige und schräge Sachen und mault noch, wenn die Mutter „ihrem Bernhard" etwas Anständiges besorgt. Das sitzt.

Früher hatte Bernhard, der Wonneproppen, alle Zeit der Welt für seine liebe Mutter. Oft ist er noch um zehn Uhr abends zu Hause aufgetaucht, um ihr das Neueste aus seinem Leben zu erzählen. Er hatte keine Geheimnisse vor ihr. Jetzt kann es ihm nach Büroschluss gar nicht schnell genug gehen, zu seiner Frau zu kommen. Ständig muss die Mutter betteln, dass er mal bei ihr vorbeischaut, etwas schwätzt, vielleicht zum Abendbrot bleibt. Das sitzt.

Gut gemeinte Ratschläge für die Ernährung, Pflege und Erziehung der Kinder will die Schwiegertochter grundsätzlich nicht annehmen. Sie weiß ja alles besser. Aber am schlimmsten ist: Seit vierundzwanzig Monaten, das sind 730 Tage und Nächte, entzieht die sture Schwiegertochter ihr die geliebten Enkel. Das sitzt.

Psychologisch ist klar, was sich hier abspielt. Mutter und Sohn befinden sich in einer symbiotischen, also klebrig verschmolzenen Bindung, die noch nicht gelöst wurde. Mütter haben in der Regel eine starke Bindung zum Sohn, nicht selten auf Kosten der Töchter. Sie tun sich schwer, den Sohn loszulassen. Oft spielt er auch die Rolle eines geheimen emotionalen Partnerersatzes, wenn der Ehemann gefühlsverschlossen, verbal und kommunikativ kalt oder schlicht abwesend ist. Deshalb sind Schwiegermütter – unbewusst – gerissen in ihrer Fähigkeit, den Sohn weiterhin an sich zu binden und klein zu halten und die Schwiegertochter auszumanövrieren.

Auf mehr oder weniger subtile Weise machen sie die Schwiegertochter bei ihrem Sohn madig und akzeptieren sie nicht. Sie wollen ihre „kleine Ehe“ mit dem über alles geliebten und vergötzten Sohn fortführen. Sie versuchen den Sohn mit emotionalen und häuslichen Dienstleistungen, Geschenken und Geldzuwendungen zu bestechen und weiterhin auf sich einzuschwören. Selbst seine Kinder versuchen sie, ihrem Besitzstand zuzuschlagen.

Doris erinnerte sich in der Sitzung: „Wenn meine Schwiegereltern die Kinder in ihr Ferienhaus nach Südfrankreich mitnahmen, ist es wiederholt passiert, dass sie diese eine Woche später als vereinbart wieder zurückbrachten. Als ich meine Schwiegermutter zur Rede stellte, sagte sie mir nur: ‚Stell dich nicht so an, es sind doch auch unsere Kinder‘.“

Die Schwiegertöchter müssen sich in dieser Auseinandersetzung ihrer Haut wehren. Hier geht es um Abgrenzung. Die neue Familie von Mann, Frau und Kindern hat in der *Ordnung der Liebe* Vorrang vor der Herkunftsfamilie.

Aber auch Schwiegertöchter sind nicht fehlerlos. Häufig setzen sie dem Druck der Schwiegermutter einfach nur verbissenen Gegendruck entgegen. Vor allem aber führen sie einen Stellvertreterkrieg mit der Schwiegermutter, anstatt vom noch unreifen, zögerlichen Ehemann eine klare Position zu fordern. So war es bei Doris. Sie führte einen einsamen

Dschungelkampf gegen den „Schwiegertiger". Sie jammerte Bernhard die Ohren voll, aber sie konfrontierte ihn nicht ernsthaft. Das hätte beispielsweise geheißen, eine klare Vereinbarung über die Zahl und das zeitliche Ausmaß der Besuche in seinem Elternhaus zu treffen. Unerlässlich wäre es auch gewesen, mit Bernhard seine schwache Männerrolle zu erörtern und darauf zu dringen, dass er nicht länger „Mutti" seine Anzüge, Hosen, Jacketts, Hemden und Schuhe kaufen lässt, sondern dies gefälligst in eigener Regie übernehmen sollte. Ebenso notwendig wäre es auch gewesen, dass Bernhard sich in der Ernährungsfrage klipp und klar hinter Doris gestellt und dies seiner Mutter auch unmissverständlich klar gemacht hätte.

Bei chronischen Konflikten zwischen Schwiegermutter und Schwiegertochter spielt der junge Ehemann oft eine dunkle Rolle. Er hält sich aus dem Gefecht heraus. Er genießt es auch unterschwellig, im Mittelpunkt des Interesses von zwei Frauen zu stehen. Auch trägt er ungelöste Eheaggressionen gegen seine Frau über die – von ihm geduldeten – Attacken der Schwiegermutter aus. Doris: „Manchmal denke ich, mein Mann ist gar nicht so hilflos gegenüber seiner Mutter, wie er sich gibt. Ich werde das Gefühl nicht los, dass er mich mit seiner Mutter-Koalition gelegentlich auch bestrafen will. Wenn wir nämlich Streit haben, geht er demonstrativ zu seiner Mutter und lässt sich dort trösten und bekochen."

Eine Schwiegertochter wird aber auch, wie Doris, in dem Moment zur Täterin, wenn sie den Schwiegereltern die Enkel vorenthält. Das ist ein grausamer Streich, der das Herz der Großeltern trifft. Außerdem geht er auf Kosten der Kinder. Sie haben ein Recht darauf, Großeltern zu besitzen, die sie lieben. In fast allen Therapien auch schwer familiengeschädigter Männer und Frauen stellen wir Therapeuten immer wieder fest, dass der Großvater und die Großmutter aus der väterlichen und der mütterlichen Linie oft wundervolle, helfende Instanzen im Leben des Klienten waren.

Auf die Attacken der Schwiegermutter hat Doris mit der schärfsten Eskalation geantwortet: dem Entzug der Enkel. Damit hat sie den Kalten Krieg zum Heißen Krieg verschärft. Man nennt das in der systemischen Familientherapie: eine symmetrische Eskalation, also ein gleichmäßiges Hochspielen des Konfliktes auf beiden Seiten. Wichtig und unerlässlich ist aber im Generationenkonflikt von Schwiegereltern und Schwiegerkindern eine *Deeskalation*. Diese kann allein in Gesprächen entwickelt werden. Das Gespräch müssen Frau und Mann gemeinsam mit den Schwiegereltern führen, und zwar im Geist des Wohlwollens und der Verständigung. Schließlich haben beide Parteien *ihre* Wahrheit.

Wo steht eigentlich geschrieben, dass Schwiegertöchter und Schwiegersöhne immer nur ein einziges Vergnügen für die Schwiegereltern sind? Schwiegereltern nehmen nicht selten wahr, dass die Ehe des Sohnes oder der Tochter von Anfang an ein Missgriff war und die Beziehung zum Scheitern verdammt ist. So wenig man kategorisch verlangen kann, dass eine junge Frau ihre Schwiegermutter lieben muss, die vielleicht eine Nervensäge oder eine frustrierte Frau ist, so wenig kann man das auch von der Schwiegermutter gegenüber der Schwiegertochter einfach voraussetzen. Schließlich treffen hier zwei völlig fremde Menschen aufeinander.

Während der Sohn naturgemäß emotional und sexuell verknallt in seine junge Frau ist, schätzt die ältere Frau den weiblichen Familienzuwachs nüchtern nach seinen beruflichen, charakterlichen, geistigen und hausfraulichen Fähigkeiten ein. Auch in geschwisterlichen, freundschaftlichen oder kollegialen Beziehungen lehnen wir manche Eigenschaften des anderen ab und tun uns schwer damit – das gehört dazu. Beziehungen enthalten auch immer einen Teil Abneigung, Abwehr und Differenz. Schwiegermutter und Schwiegertochter müssen also lernen, mit ihrer gegenseitigen Unterschiedlichkeit fertig zu werden, bei einem Streit nicht gleich die Nerven zu verlieren und eine gute Mittelstellung zwischen Nähe und Balance zu erreichen.

Es mag altmodisch klingen, aber ich möchte dafür plädieren, dass die Jüngeren in diesem Konfliktfeld, also Schwiegertöchter und Schwiegersöhne, in diese Auseinandersetzung etwas wie Güte, Respekt und

Verständnis investieren. Immerhin empfange ich diese Frau oder diesen Mann aus den Händen dieser Eltern, die sich in ihrem Leben unendliche Mühe um dieses Kind gemacht haben und es jetzt mir „überlassen“ müssen. Immerhin tragen wir die Gesichtszüge unserer Eltern, wir sprechen ihren Dialekt und wir benutzen ihre Sprichwörter, wir sind in unserem Fleiß, unserer Lebensbehauptung, Männlichkeit oder Weiblichkeit deren Abbild. Diese Eltern haben ein Stück Achtung und Respekt verdient. Wenn ich mein Herz weit öffne, ihre Andersartigkeit respektiere, kann ich auch vieles von ihnen lernen.

Je dramatischer Schwiegermütter agieren und der Schwiegertochter das Leben sauer machen, desto brennender sind meist ihre inneren Konflikte und Notlagen. Natürlich kann man, wie es in der psychologischen Literatur geschieht, die Schwiegermütter in Kategorien wie die „Übermutter“, die „Enttäuschte“, die „Intrigantin“, die „Distanzierte“, die „Dauerbesucherin“ oder die „Abgenabelte“ einteilen und dabei aufschlussreiche Strategien der Vereinnahmung aufdecken. Aber es bleibt doch die Notwendigkeit, die Ursachen dieser Übergriffe und Abwehrstrategien auf beiden Seiten zu analysieren. Worauf ich hinaus will, ist etwas Einfaches, aber Fundamentales: Die Schwiegereltern-Schwiegerkinder-Beziehung ist eine *Beziehung*. Jede Beziehung verlangt aber, dass wir an ihr arbeiten.

Diese Liebesarbeit gilt, wie ich in mehreren Büchern zu zeigen versucht habe, sowohl für die Beziehung zwischen erwachsenen Kindern und ihren Eltern, als auch für die Beziehung zwischen Geschwistern, für die Beziehung des Paares wie für die Beziehung zwischen Geschiedenen. Mit Grabenkämpfen, Feindbildern und Materialschlachten gewinnen wir keinen Zentimeter Land. Wir handeln uns nur Feindschaft und ein versteinertes Herz ein.

Leidtragende sind nicht nur die Schwiegertöchter, sondern auch die Schwiegermütter in diesem Kampf. Deutlich geworden ist mir dies an Mechthild, einer Lehrerin um die fünfzig Jahre. Mechthild, die gut verheiratet war und mit ihrem Mann einen Sohn hatte, kam zu mir, „weil mich meine Schwiegermutter nervt und ich am Ende bin". Was war geschehen?

„Vor einem Jahr ist mein Schwiegervater gestorben. Seitdem ist ständig meine Schwiegermutter Agnes bei uns. Ich nenne sie Mama. Zweimal in der Woche verbringt sie den Abend bei uns und ist auch fast jeden Sonntag in unserem Haus. Jetzt will sie auch noch mit uns gemeinsam in den Urlaub fahren. Mein Mann erträgt das nicht. Wenn seine Mutter kommt, verzieht er sich demonstrativ in das Arbeitszimmer und taucht nicht wieder auf. Dann sitze ich mit ‚Mama' allein. Sie erzählt mir nur von ihren Krankheiten und ihrem Mann. Sie idealisiert ihn völlig. Als er noch lebte, stritten sie viel. Jetzt ist er in ihrer Erinnerung die Güte selbst. Meine Schwiegermutter weint viel, unternimmt nichts und macht mich mit ihrer Depressivität völlig fertig. Jedes Mal wenn sie sich von mir verabschiedet, sagt sie das Gleiche: ‚Am besten wäre es, ich könnte bald sterben.' Dabei ist sie erst einundsiebzig Jahre alt und körperlich topfit."

Hier wird deutlich, dass Agnes, also die Schwiegermutter, in der schwersten Krise ihres Lebens steckt und die Trauerarbeit um ihren Mann nicht bewältigt. Sie war ein Leben lang auf ihren Mann fixiert. Sie hatte keine Freundinnen und hat sich außer Haus nie engagiert. Der Tod des Partners bedeutete den totalen Zusammenbruch ihres Lebensmodells. Agnes hat auch nicht gelernt, auf den Schicksalsschlag schöpferisch zu reagieren, sich etwa ein „zweites" Leben mit neuen Beziehungen aufzubauen. Stattdessen schröpft sie wie ein Blutegel diejenige in ihrer Umgebung, die ihr den geringsten Widerstand entgegensetzt: Mechthild.

Agnes tut das nicht aus Bösartigkeit und reinem Egoismus, sondern aus Hilflosigkeit und Panik. Sie braucht dringend Hilfe. Eben diese Hilfe konnten Mechthild, ihr Ehemann Albrecht und ich in einer gemeinsamen Sitzung (ohne Agnes) erörtern. Die Unterstützung bestand darin, dass Agnes ein Seminar des großartigen Trauertherapeuten Jorgos Canacakis in Essen besuchte, sich anschließend in einer Selbsterfahrungsgruppe von trauernden Hinterbliebenen einbrachte und nach tiefen Gesprächen mit ihrem Sohn und ihrer Schwiegertochter ihre Besuche reduzierte und von gemeinsamen Urlaubsplänen Abstand nahm. So fand Agnes wieder zu sich und zu einem neuen Leben.

Dabei war die Auseinandersetzung alles andere als einfach. Bei dem ersten Gespräch mit Albrecht und Mechthild war die Schwiegermutter uneinsichtig. Sie schimpfte über die „Herzlosigkeit“ und „Undankbarkeit“ der Jungen. Aber immerhin, sie schimpfte! Das heißt, sie entdeckte hinter ihrer Trauer die Wut über ihre Einsamkeit, ihre Lethargie und ihr ungelebtes Leben. Erst nach dem dritten Gespräch mit Albrecht und Mechthild vermochte Agnes deren Abgrenzung als *Hilfe zur Selbsthilfe* zu verstehen.

Mechthild und Albrecht ihrerseits machten die für sie wichtige Erfahrung, auch einmal *das Nein in der Liebe* (Peter Schellenbaum) zu setzen. Gerade dadurch erwiesen sie der Mutter respektive Schwiegermutter ihre Achtung und ihren Respekt: Du *kannst* ein selbstbestimmtes, neues Leben führen!

Mechthild berichtete mir später: „Seitdem habe ich eine neue Schwiegermutter. Sie kleidet sich flott, unternimmt vieles, lacht wieder. Wir haben ein entspanntes, fröhliches Verhältnis und sind uns von Herzen gut.“

Schwiegereltern oder Schwiegerfeinde? Das ist die Frage. Beide Parteien sollten aufeinander zugehen und die konstruktive Auseinandersetzung nicht scheuen. Liebesarbeit ist nicht nur in der Kleinfamilie, sondern auch im größeren Familienverband zu leisten. Dazu gehört selbstverständlich auch die Anstrengung, sich um Schwägerinnen und Schwager zu bemühen. Hier wird schnell geschmollt, gekränkt reagiert, abgeschrieben und verachtet. Wir *reden* alle von Toleranz, *praktizieren* sie aber im seelischen Nahbereich viel zu wenig.

Natürlich müssen sich Schwiegerkinder durchaus abgrenzen. Das ist der unbequeme Teil, das *Nein* in der Liebesarbeit. Aber auch eine Schwiegertochter tut gut daran, im Loslassen zu wachsen: Indem sie die warme Beziehung des Mannes zu seiner Mutter toleriert und ihre Kinder ohne Eifersucht und Kleinlichkeit der Oma überlässt. Und notfalls kann sie den Kindern, falls es um die Ernährung geht, ja das T-Shirt anziehen, das wir in unserem Gesundheitszentrum *Dr.-Max-Otto-Bruker-Haus* vertreiben. Aufschrift: *Bitte nicht füttern!*

Das Paar in der Lebensmitte: Inventur

Für jedes Lebensalter, ausgenommen das kindliche, bedeutet die Zeit ein gelindes Entsetzen, und doch wäre jedes Lebensalter schön, je weniger wir verleugnen oder verträumen, was ihm zukommt, denn auch der Tod, der uns einmal zukommt, lässt sich ja nicht verleugnen, nicht verträumen, nicht aufschieben.

Max Frisch, Stiller

Wie jeder Mensch so altert auch das Paar. In der Lebensmitte, also nach dem Eintritt in die „Vierziger", verlässt uns die Unbefangenheit und Aufbruchsstimmung der frühen Jahre. Wir sehen den unvermeidlichen Alterungsprozess im Gesicht des anderen und spüren ihn am eigenen Körper. Die anfänglich so flüssigen Gefühle füreinander haben sich verfestigt, manchmal auch verhärtet oder verflüchtigt. Das Paar ist bereits durch Krisen hindurchgesteuert. Der Alltag fordert unerbittlich Leistungen. Das Leben mit den Kindern ist gewohnter Alltag geworden. Die Ehe beginnt allmählich einem älteren Auto zu gleichen: Es hat so seine Mucken. Es benötigt sorgfältige Pflege und manchmal auch eine Reparatur. Es ist nicht mehr ganz auf dem Höhepunkt der modernen Technik.

FÜHLST DU DICH AUCH SO UNGELIEBT?

Nicht alle Träume haben sich erfüllt, das Paar leckt seine Wunden. Die Sexualität hat nachgelassen. Der Mann sucht in ihr in erster Linie Entspannung und Triebabbau, die Frau Nähe und Zärtlichkeit. Das Älterwerden macht ängstlich und unruhig. Zum ersten Mal im Leben ziehen Frau und Mann, meist insgeheim, Zwischenbilanz: Lohnt es sich noch mit dem Partner? Muss die verrinnende Zeit anders genutzt werden? Steht Trennung und Neubeginn an?

Das sind aufwühlende Fragen, und die Lebensmitte ist kein zufälliger Zeitpunkt für solch eine *Inventur*. C. G. Jung hat in einem Vortrag (*Die Lebenswende*, 1930) diesen Wandel in der Lebensmitte mit einem plastischen Bild illustriert: *Die Erfahrung zeigt (...), dass Grund und Ursache aller Schwierigkeiten dieses Übergangs eine tief liegende, merkwürdige Veränderung der Seele ist. Um dies zu charakterisieren, möchte ich den täglichen Sonnenlauf zum Gleichnis nehmen. Denken Sie sich eine Sonne, von menschlichem Gefühl und menschlichem Augenblicksbewusstsein beseelt. Am Morgen entsteht sie aus dem mächtigen Meere der Unbewusstheit und erblickt nun die weite, bunte Welt in immer weiterer Erstreckung, je höher sie sich am Firmament erhebt. In dieser Erweiterung ihres Wirkungskreises, die durch das Aufsteigen verursacht ist, wird die Sonne ihre Bedeutung erkennen und ihr höchstes Ziel in größtmöglicher Höhe und damit auch in größtmöglicher Erstreckung ihres Segens erblicken. Mit dieser Über-*

zeugung erreicht die Sonne die unvorhergesehene Mittagshöhe – unvorhergesehen, weil ihre einmalige individuelle Existenz ihren Kulminationspunkt nicht vorher wissen konnte. Um zwölf Uhr mittags beginnt der Untergang. Und der Untergang ist die Umkehrung aller Werte und Ideale des Morgens. Die Sonne wird inkonsequent. Es ist, wie wenn sie ihre Strahlen einzöge. Licht und Wärme nehmen ab bis zum schließlichen Erlöschen.

C. G. Jung weist darauf hin, dass wir auf diesen Eintritt in die *Deszendenzphase*, also den unerbittlichen Abstieg unseres Lebens, überhaupt nicht vorbereitet sind. Sie mündet letztendlich in den Tod, die Auslöschung unserer individuellen Existenz. Wir haben, um ein anderes Bild zu verwenden, gleichsam die Bergspitze erreicht und müssen auf der anderen Seite ins Tal hinunterwandern. Die Perspektive ändert sich. Wo vorher Aufstieg war, beginnt jetzt, zunächst fast unmerklich, der Abstieg. Das hat für den Einzelnen wie für das Paar als Ensemble Konsequenzen. Beide müssen, allein und zu zweit, über ihr Ich und die Ehe nachdenken, die Beziehung *inventarisieren* – und daraus Schlussfolgerungen ziehen. C. G. Jung: *Wir können den Nachmittag des Lebens nicht nach demselben Programm leben wie den Morgen, denn was am Morgen viel ist, wird am Abend wenig sein, und was am Morgen wahr ist, wird am Abend unwahr sein.*

Die zweite Lebenshälfte bewusst zu gestalten, bedeutet die Chance, den *Schatten* (C. G. Jung) in der Beziehung, die neurotischen Mechanismen und die gegenseitigen Verletzungen, zu erkennen. Manchmal ist es der Blick in eine Katastrophe. Der Versöhnungswille ist erloschen. Das gegenseitige emotionale Guthaben ist geschmolzen. Gesprächsbereitschaft, Beziehungsarbeit und Krisenmanagement haben abgenommen. Die Beziehung dümpelt vor sich hin. Aus Akzeptanz, Bestätigung, Offenheit, Sex, Trost und Unterstützung, sind Abwertung, Boykott, Feindseligkeit, Verschlossenheit und Unlust geworden. Das Paar lässt sich gehen. Einer oder beide werden fett. Sie vernachlässigen die Körperpflege, verweigern sich sexuell, werden aggressiv. Sie werten sich gegenseitig vor den Kindern ab, machen sich Schuldgefühle, verfallen in Brüllorgien, ja Tätlichkeiten. Man begrüßt sich nicht mehr ordentlich, spricht sich nicht mit den Vornamen an, flüchtet vor Gemeinsamkeiten, geht in Distanzierung und Rückzug. Das Paar vernachlässigt gemeinsame Projekte – es hat bereits die „innere Scheidung" vollzogen. Um mit dem polnischen Aphoristiker Stanislaw Jerzy Lec zu sprechen: *Obwohl ihre Wege auseinander gingen, gingen sie weiter zusammen: als Gefangene und Wächter.*

In einer Art symmetrischer Eskalation spielt das Paar Ping-Pong. Auf eine Aggression folgt die andere. Die Schuldzuweisungen werden mit Hass erwidert. Das Paar verstrickt sich in nicht enden wollende Machtkämpfe. Die Kinder werden als Druckmittel missbraucht und instrumentalisiert. Erpressung, Abbruch der Kommunikation und Vergeltungsschläge nehmen zu. Die Gleichgewichtsbalance des jungen Paares ist längst gekippt: Der eine nimmt die innereheliche Machtergreifung vor, der andere Partner flieht in die Ohnmacht. Er besetzt, mit jammervollem Hundeblick, die Opferrolle. Der Schwächere flüchtet in die Rolle des Kranken. Er gewinnt damit wiederum an manipulativer Macht. Der Mann erpresst die Frau mit seiner Finanzgewalt, die Frau hungert ihn dafür durch ihre sexuelle Blockade aus. Das ist die eheliche Abwärtsspirale. Sie bringt Frau und Mann aus dem Gleichgewicht. Sie demoralisiert und macht unglücklich. Das Paar ist verhärtet, verbittert, wütend, unversöhnlich, unglücklich und leidend. Stanislaw Jerzy Lec fragt in *Unfrisierte Gedanken* so treffend: *Die Ehe ist eine Institution. Reichen die Mitarbeiter auch aus?*

Aus dem Dialog der frühen Jahre ist ein beiderseitiger Monolog geworden. Das Paar leidet an dem Schattenhaften in seiner Beziehung, ohne es wirklich benennen zu können. Es sieht nur die Folgen und schiebt sich im Rahmen der alltäglichen Streitigkeiten wechselseitig die Schuld dafür zu.

Emmy, Anfang vierzig, verheiratet, eine Tochter, steckt, wie sie schreibt, mitten in der Inventur. Sie listet die Kampfspuren eines langen Ehelebens auf. Emmy empfand sich schon mit sechzehn Jahren als

Aschenputtel. Ein erstes flüchtiges Verliebtsein verunsicherte sie tief: „In der Tanzstunde hatte mich ein Junge gefragt, ob wir zusammen zum Ball gehen wollen. Wow, war das ein tolles Gefühl! Wir wollten vorher auch noch zusammen zu einer Tanzveranstaltung gehen. Ich war im siebten Himmel – da interessierte sich doch wahrhaftig jemand für mich! Wir saßen nebeneinander auf zwei Stühlen, ich werde das wohl nie vergessen, und ich fühlte mich völlig hilflos. Hatte ich doch von daheim die Botschaft mitbekommen, dass Jungen stets viel von einem Mädchen wollen. Wenn sie es erreicht haben, lassen sie es fallen, erzählen überall schlecht von ihr und heiraten werden sie so ein Mädchen nie. Wie weit zu gehen war wohl in Ordnung? Arm um die Schulter legen? Küssen?" Sprachlos, schüchtern und mit verschränkten Armen saß die junge Emmy da. Der Junge brachte sie nach Hause, und das war es dann auch schon. Emmy: „Bei mir hinterließ das Ereignis eine tiefe Unsicherheit, über die ich mit niemandem sprechen konnte."

Noch im selben Jahr trat ihr künftiger Mann Marc in ihr Leben. „Er hörte mir zu, beachtete mich. Was für ein Wunder! Ich glaube heute, ich habe mich in dem Moment in ihn verliebt, als er mir ein Tonband mit einem Song von Reinhard Mey schenkte. Der Titel war *Ich wollte dir ein Liebeslied schenken …* Am Ende kam ein ‚Ich liebe dich' darin vor. Das hatte er überspielt und das ‚Ich liebe dich' selber gesprochen. Das hat mich umgehauen. Dass mich jemand lieben könnte, kam mir doch so unwahrscheinlich vor."

Da Emmy sich selbst so klein fühlte, machte sie Marc dementsprechend groß. „Er schien unbekümmert und ohne Ängste durchs Leben zu gehen, ganz im Gegensatz zu mir. All das faszinierte mich. Marc war auch nicht so schüchtern: Er wagte gegenüber seinen Eltern, speziell gegenüber seinem Vater, Widerworte. Er wollte auf keinen Fall so werden wie sein Vater. Ich denke, wir haben uns angezogen, weil jeder etwas hatte, was dem anderen fehlte. Ich bewunderte ihn maßlos und war unendlich dankbar, dass er mich ‚auserwählt' hatte. Als er seinen Führerschein hatte, träumte er von einem Mercedes mit Heckflosse. Irgendwann sollte so ein Auto sein Eigen sein, er wollte es sich erarbeiten. Träume, abwechslungsreiche Zukunft, das kam bei mir gut an."

Was macht ein Mädchen ohne Selbstbewusstsein? Es klammert und wird zur „Beute". Es kann selbst dann nicht loslassen, wenn es schmerzhaft wird. „Ich wollte ihn nicht wieder verlieren. Wer weiß, ob sich noch mal jemand für mich interessieren würde. Ich beging einen riesengroßen Fehler – ich tat das, was ich immer getan hatte und was meine große Schwäche war: Ich passte mich an bis zur Selbstaufgabe. Seine Träume wurden zu meinen Träumen, seine Interessen zu meinen. Ich sparte auf ein Mofa, ging mit ihm zum Jugendrotkreuz. Wenn es Streit gab, habe ich immer alle Schuld auf mich genommen und mich entschuldigt. Ich habe Marc auf einen hohen Sockel gestellt und ihn wie ein Denkmal bewundert. Alle Anzeichen oder Eigenschaften, die ich nicht akzeptieren konnte, übersah ich einfach. Ich war die Unfähige, die dankbar zu sein hatte. Ich habe mich sogar angepasst, auch wenn es in mir zu brodeln begann. Damit habe ich Marc in seinen Verhaltensweisen bestätigt."

Freundinnen hatte Emmy keine, war eigentlich immer nur auf der Suche nach dem nächsten Mauseloch, um sich notfalls verkriechen zu können. In der Berufsausbildung fühlte sie sich nur geduldet. Aber schließlich rebellierte Emmy doch, als ihr die Aschenputtelrolle bei Marc und dessen Gefühlskargheit und Wortlosigkeit zu viel wurden. Sie lernte beim Tanzen einen anderen Mann kennen und ging mit ihm eine Beziehung ein. Doch ihre bisherigen Verhaltensmuster funktionierten nun plötzlich nicht mehr: Emmy konnte den neuen Freund auch nicht mit ihrem Weinen, das sie, wie sie heute weiß, unbewusst manipulativ einsetzte, beeinflussen. Er war stark und unabhängig. Also ging sie nach einem Jahr wieder in die Beziehung zu Marc zurück, frei nach dem alten psychologischen Muster: *Der Neurotiker zieht sein bekanntes Unglück dem unbekannten Glück vor.*

Emmy erinnert sich: „Meine Eltern freute dies natürlich sehr. Sie hatten mich nach der Trennung von Marc ganz schön unter Druck gesetzt und sich ihm zugewandt, den ‚Ärmsten', getröstet. Ich war in ihren Augen wahrscheinlich ein ziemliches Flittchen."

Aber wieder klappte es mit Marc nicht. Da entschloss sich Emmy zur zweiten, definitiven Trennung. In diesem Augenblick wurde sie schwanger. Nun traute sich Emmy nicht mehr, Marc zu verlassen. Ihre Ängste wurden größer und größer. Schwangerschaft und Entbindung wurden, wohl nicht von ungefähr, zum Horrortrip. Auch das Töchterchen scheint die Ehekrise seiner Eltern gespürt zu haben. Über zwei Jahre brüllte es fünf- bis sechsmal pro Nacht los und ließ der Mutter keine Ruhe. Das Paar verstummte. „Wir konnten nicht mehr miteinander reden. Wir haben es nie getan. Es kam immer sofort zu Missverständnissen. Die ganze Aufgabenverteilung in der Beziehung, unsere *Liebesverträge*, stimmten nicht. Es gab keinen Austausch untereinander. Wir lebten uns mehr und mehr auseinander. Dass die Sexualität dabei schon lange eingeschlafen war, brauche ich wohl nicht extra zu erwähnen."

In der Lebensmitte versank Emmy in Depressionen. „So um die vierzig drängte sich die Frage nach dem Sinn in meinem Leben immer mehr auf. Die Bilanz war erschreckend: Keine Freunde und Freundin, kaum Kontakte nach draußen, keine Unternehmungen. Ich fühlte mich uralt und mir war alles egal. Es gab Zeiten, da habe ich mich tagsüber ins Bett verkrochen und mir die Decke über die Ohren gezogen und geheult. Mir kamen die Tränen bei den unmöglichsten Augenblicken. Ich konnte nichts dagegen tun."

Mit Hilfe einer Therapie unternahm Emmy die gründlichste Inventur ihres Lebens. Sie war schmerzhaft, rückhaltlos und befreiend: „Mit dreiundvierzig begann dann eine neue Phase in meinem Leben, ich brach endgültig auf. Ich begegnete Menschen. Ich musste lernen. Ich bin oft noch mühsam dabei, mich unter Menschen zurechtzufinden. Ich musste wieder lernen, zu lachen und auch zu weinen. Ich musste Verstrickungen erkennen, alte Botschaften und Muster über Bord werden. Es ging um Selbstständigkeit und Eigenverantwortung, Glück und Dankbarkeit. Das Allerwichtigste wurde die Liebe zu mir selbst. Ohne sie ist inneres Wachstum nicht möglich. Ohne sie kann ich auch nie so weit kommen, meine Anteile an unserer Ehekrise zu betrachten und liebevoll damit umzugehen. Es ist alles so widersprüchlich. Ich musste lernen, mich sehr wichtig zu nehmen und gleichzeitig mich nicht mehr so wichtig zu nehmen. Sprich, mich lieben zu lernen und gleichzeitig aufzuhören, alles auf mich persönlich zu beziehen."

Was sind die eigenen Konfliktanteile, von denen Emmy hier spricht, ihr „Schatten"? Emmys Antwort: „Ich frage mich immer öfter, ob ich überhaupt jemandem im Leben eine Chance gegeben habe. Ich glaube, ich habe aus Angst vor Verletzungen und zu meinem Schutz früh gelernt, mich in meine Festung zurückzuziehen und mich dort zu verbarrikadieren. Du hast mal irgendwann zu mir gesagt, ich säße wie Dornröschen im Schloss, und jeder, der zu mir hereinwollte, würde in der Dornenhecke verbluten. So war es."

Nach so vielen Jahren ehelicher Steppe und gegenseitiger Verletzungen ist in Emmys Leben ein Wunder geschehen: Erstmalig haben sie und Marc wieder den Dialog miteinander aufgenommen. Der Leidensdruck hat wohl beide zum Sprechen gebracht. Natürlich hat auch Marc unter Emmys Rückzügen und Muffigkeit wie ein Hund gelitten. Sie hat ihm über Jahre hinweg die Sexualität verweigert. Das ist, wie bereits früher gesagt, die grausamste Waffe einer Frau.

Bleibt verwunderlich, dass Marc nicht die Ehe verließ oder sich eine Freundin suchte. Das mag mit seiner Entschlusslosigkeit zusammenhängen. Was mag ihn an der leidenssüchtigen, sich verweigernden Emmy fasziniert haben, was mag ihn in dieser Beziehung krank gemacht haben? Ich sehe in dem Umstand, dass beide ihre quälende Beziehung so viele Jahre aufrechterhielten, auch einen unauslöschbaren, magischen Rest der Liebe, den man nicht einfach mit neurotischen Etiketten belegen kann. Emmy und Marc sind jetzt zu einer Paartherapie bereit. Das könnte der Neuanfang sein.

Emmy meint: „Ich möchte, dass Marc und ich irgendwann Frieden schließen können. Dass wir uns entfernen von den Ersatzstoffen Essen, Alkohol und Arbeitssucht. Marc ist heftig am Nachdenken. Wie sehr er meint, sich vor seinen Gefühlen schützen zu müssen, konnte ich in einem unserer Gespräche in den letzten Wochen bemerken. Mittendrin hat er abgebrochen oder besser unterbrochen, und ich habe bemerkt, dass ihm die Tränen schon fast in den Augen standen." Emmy und Marc haben, wie so manche Ehepaare, ein Meer ungeweinter Tränen in sich. Da wird es gut tun, wenn diese salzige Flut in einer Paartherapie endlich abfließen darf.

Die Inventur in der Lebensmitte führt, besonders wenn die Kinder aus dem Haus gehen und damit eine wesentliche Gemeinsamkeit des Paares „konsumiert" ist, häufig auch zur Trennung. Das ist sozusagen eine Sollbruchstelle im Material der Beziehung. Eine Trennung ist bitter, aber fast immer auch ein schöpferischer Neuanfang. Es ist eine gewaltige psychodynamische Leistung, eine Amputation ohne Narkose. Eine Trennung verlangt großen Mut. Frauen riskieren auch heute noch dabei oft ihren sozialen Status, Männer müssen Haus und Kinder verlassen. Aber meist beendet damit ein Paar auch das *nicht mehr Lebbare*. Für jeden Einzelnen eröffnen sich zwangsläufig neue Perspektiven und Lebensschritte.

Trennung ist fast immer ein Reifungsprozess. In meinem Buch *Trennung als Aufbruch* haben mir rund hundertfünfzig Menschen über diese gewaltige Zäsur in ihrem Leben mit unerhörter Aufrichtigkeit selbstkritisch geschrieben. Wir müssen uns an den Gedanken von Lebensabschnittspartnerschaften, an das Konzept der seriellen Monogamie, also einer Abfolge mehrerer substanzieller Beziehungen, gewöhnen. Liebesarbeit muss sich nicht unbedingt in *einer* Lebensbeziehung realisieren. Sie kann auch in einer Zweit- oder Drittbeziehung fortgesetzt werden. Ich selbst lebe in der großen Zweitbeziehung meines Lebens. Ich spüre, dass wir beide uns voller Dankbarkeit auf das Wesentliche konzentrieren und den Segen unserer „Altersliebe" genießen. Beide haben wir unseren Anteil an den Schwierigkeiten der ersten Ehe aufgearbeitet. Wir haben den Satz des Philosophen Lucius Annaeus Seneca (4 v. Chr. – 65 n. Chr.) begriffen: *Wenn du geliebt werden willst, liebe.*

Wie quälend diese Inventur sein kann, enthüllt mir Annemie. Sie ist über vierzig, seit fast zwei Jahrzehnten mit einem Akademiker verheiratet, mit dem sie vier Kinder hat. Ich lernte sie kennen, als sie sich stürmisch in einen großen, schönen und außerordentlich lebendigen Mann verliebt hatte: „Seit damals, sagt heute noch ab und zu mein Mann, hat unsere Beziehung einen Knacks wegbekommen. Obwohl auf der körperlichen Ebene so gut wie nichts passiert ist, war und ist er eifersüchtig auf das, was da – ich nehme an, im seelischen Bereich – passiert ist. Nicht dass er mit mir nun freudig in die Beziehungsarbeit gegangen wäre. Es läuft nichts, absolut nichts. Seelisch bin ich am verhungern. Natürlich sorge ich schon für mich, so gut es geht, diesbezüglich. Aber die Sehnsucht, mit dem Menschen, den ich einst geheiratet und geliebt habe, das mir Wichtigste im Leben zu teilen, im seelisch-geistigen Sinne eins zu werden und zu verschmelzen, das bleibt unerfüllt.

Wir haben uns immer mehr voneinander weg entwickelt. Es gibt so gut wie keine Gemeinsamkeiten, außer den Kindern und unseres gemeinsamen Versorgungsanspruchs. Das funktioniert gut. Wir schlafen schon seit einigen Jahren getrennt, auf meinen Wunsch hin. Sex haben wir ab und zu – manchmal sogar recht guten. Ich lebe da fast schizophren, weil ich es eigentlich nur tue, wenn alles andere auch stimmt. Da wir nicht mehr reden über uns, versuche ich, die Einheit von Liebe und Sexualität zu trennen. Und es als eine Art ‚One-night-stand' zu betrachten, wenn wir zusammen sind. Ich müsste mich eigentlich total verweigern, bis wir unsere Beziehung in Ordnung gebracht haben, aber ich resigniere."

Es ist leicht, die Ehe einzugehen. Viel schwieriger ist es, in ihr Liebesarbeit zu leisten oder sie zu beenden.

Annemie: „Schon oft spielte ich mit dem Gedanken, meinen Mann zu verlassen. Aber das geht nicht so einfach. Ich bin finanziell total abhängig. Soll ich wegen einiger Auseinandersetzungen gleich gehen? Ich bin diejenige, die unzufrieden ist, weil ich mir eine lebendige Partnerschaft wünsche, mit Tiefgang und nicht nur auf dem Versorgungsniveau. Eigentlich bin ich auch anhänglich und schutzbedürftig, was ich nicht ausleben kann, weil ich meistens die Stärkere sein muss und weil ich versuche, die Familie zusammenzuhalten." Annemie sieht aber auch: „Es ist bei allem freilich so, dass mein Mann ein wertvoller Mensch ist, auch wenn er seine Ecken und Kanten hat, und ich kann ab und zu auch ziemlich biestig sein."

Der Ehemann verweigert nicht nur Paartherapie, sondern auch einen Ortswechsel, der beruflich notwendig wäre. Annemie überlegt nun, eine Hebammenausbildung zu machen. Ihr Wunsch ist es, Frauen zu helfen, selbstbestimmt und natürlich ihr Kind zur Welt zu bringen. Vielleicht, so spekuliert sie, kann sie sich trennen und einen eigenen Weg gehen, wenn das jüngste Kind aus dem Groben heraus ist. Nüchtern konstatiert sie: „Es ist aber so, dass man als Frau immer mehr draufzahlt – für die Familie und die Kinder."

Dass eine ordentliche Inventur, den guten Willen beider Partner vorausgesetzt, zu einer Renovierung der Beziehung und Auffrischung der Liebe führen kann, habe ich mit Maria und Urs erlebt. Ihre Ehe war ranzig und stockfleckig geworden. Urs hatte seit Jahren völlig zugemacht. Er war ein Schweiger von granitener Härte. Maria wiederum flüchtete wie eine „Mater dolorosa“ in Leiden und Passivität. Eine Paartherapie stand außerhalb von Urs’ Horizont. Man weiß ja auch nicht, mit was für einem Therapeuten man es zu tun bekommt – „die haben ja meist selbst einen Hau weg“, lautet die gängige männliche Meinung. Sie stellt natürlich eine innerseelische Abwehrhaltung dar.

Ich lernte Maria und Urs bei einem meiner Vorträge kennen. Sie waren erfreut, dass ich offensichtlich kein Psychopath, sondern ein relativ normaler Mensch mit Armen und Beinen bin und nicht beiße. Sie fassten Vertrauen und absolvierten mutig in meiner Praxis eine so genannte Blocktherapie, die sich, hoch konzentriert, zwei Stunden täglich, über eine Woche hinzieht.

Das Schönste war: Urs und Maria machten sich keinerlei Vorwürfe. Sie zeigten vielmehr ihr Leid und ihre Unvollkommenheit, ihre jahrelangen Sehnsüchte. Urs ließ keinen Zweifel daran, dass er sich seelisch eingemauert und damit unnahbar gemacht hatte. In ihren Familiengeschichten entdecken wir die Wurzeln ihres beiderseitigen Beziehungsverhaltens: Gefühlsabspaltung hier, Opferphilosophie dort. Das Paar revidierte in der Schlusssitzung den alten Beziehungsvertrag und schloss neue Liebesverträge. Es lernte das Zwiegespräch nach Lukas Michael Moeller kennen. Maria und Urs brachen mit Glück in den Augen in ihre neue Zukunft auf.

Als Therapeut ist man sich nie sicher, ob die „Anschubfinanzierung“ in der Seelenarbeit auch wirklich langfristig hilft. Nach einem weiteren Paarseminar bei meiner Schwester Maria-Theresia und mir erreichte mich ein Brief von Maria und Urs, der viele Leser ermutigen mag. Sie schreiben: „Dass wir unsere Ringe zum Abschluss des Paarseminars in den Rhein geworfen haben, war der Entschluss, die alte Ehe endgültig hinter uns zu lassen, sie zu versenken. Es war wie ein Befreiungsschlag. Wenn wir heute über die Vergangenheit sprechen, dann grollt, giftet und schmerzt es nicht mehr in uns, es hat keinen großen Stellenwert.“

Welche Situation lässt dieses Paar hinter sich? In den letzten eineinhalb Jahren ihrer Ehe gab es kaum noch Hoffnung. Trennung war das Tagesthema. Jeden Morgen galt es nur noch, sich über den Tag zu retten. „Es war eine Zeit, in der wir schon tief in den Abgrund sehen konnten.“ Maria wurde jedoch hellhörig: „Es gab aber eine Kleinigkeit, die mich aufhorchen ließ. Immer wenn ich im Zorn gewütet habe ‚Ich weiß nicht, weshalb ich überhaupt noch bei dir bin‘, hämmerte in meinem Kopf schon die Antwort: ‚Weil du für unseren Sohn ein wundervoller Vater warst. Weil ich noch immer deine Zuverlässigkeit schätze und ich in dir eine Schulter zum Anlehnen habe.'"

Was war mit Urs los? Maria stellt fest: „In Urs wuchs die Angst, mich zu verlieren. Er begann, in sich hineinzuhorchen, zu hinterfragen, warum er die ganze Zeit keine Zuneigung haben wollte. Wir mussten beide eine schmerzhafte Inventur machen. Wir sind der Meinung, es wäre zur Scheidung gekommen, wenn Urs dadurch nicht so vieles in Erinnerung gekommen wäre, wenn er sich nicht hätte so bildlich erklären können. Seine Schilderung, wie er als Kleinkind oft auf dem Sofa lag, die Decke über dem Kopf durch die Stäbe der Couch blickte, seine kleinen Händchen immer selbst vorsichtig küsste und sie dann an seinen Wangen streichelte – weil niemand da war, der ihn herzte und liebkoste. Das löste in uns einen Tränenstrom aus. Lange haben wir geweint und uns nur gehalten."

Dieser Augenblick war die Neugeburt ihrer Liebe: „In dem Moment wurden unsere Herzen weich. Wir merkten, es gibt eine Chance. Wir verstanden plötzlich so viel. Wir wussten, warum wir eine Ehe fast ohne Zärtlichkeit und Sexualität gelebt hatten. Es war wie eine Explosion zu erkennen, wie verkümmert Urs' Zärtlichkeit war, wie sehr er sich immer abgemüht hatte, es mir auf seine Weise zu zeigen. Ich habe es nicht erkannt. Uns die innersten Gefühle mitzuteilen, das war unsere Rettung."

Urs und Maria sind sanft wieder aufeinander zugegangen. Sie berichten: „Die erste Zeit war nur ein vorsichtiges Umarmen, ein langsames Wiederannähern, ein Hand-in-Hand-Einschlafen. Wir fühlten, wie warm und weich der andere ist. Alles andere dauerte noch ein paar Wochen. Wir trauten uns einfach nicht. Inzwischen genießen wir unsere tiefe Vertrautheit. Manchmal ist es noch so verrückt wie in der Kennenlernzeit."

Fazit: Aus fast dreißig Jahren Nebeneinander ist ein wunderbares Miteinander geworden – das wohl schönste Ergebnis einer Inventur in der Lebensmitte.

Der Seitensprung – wohin?

Wohl brach ich die Ehe,
aber zuerst brach die Ehe – mich!

Friedrich Nietzsche,
Also sprach Zarathustra

Der Ehebruch hat etwas mit dem Ehezustand zu tun. Das klingt banal, ist jedoch bedeutsam. Denn schon die schwere Vokabel Ehe*bruch* schmeckt theologisch und juristisch streng nach Todsünde und Schuldprinzip. Ich ziehe, wie die meisten Paartherapeuten, das sachlichere Wort Außenbeziehung oder Seitensprung vor. Die Situation einer Dreiecksbeziehung ist schon kompliziert genug, man sollte sie nicht auch noch verbal zum Höllenabsturz stilisieren. Da ich ein eigenes Buch zu diesem Thema geschrieben habe (*Außenbeziehung. Ende oder Neubeginn der Liebe?*) möchte ich mich kurz fassen.

Die Außenbeziehung gibt es so lange wie unsere Formen des ehelichen Zusammenlebens, und es wird sie bis zum Ende aller Tage geben. Es stellt sich die grundsätzliche Frage, ob *jede* Frau und *jeder* Mann überhaupt eine monogame Beziehung wünscht oder dazu fähig ist.

Die französische Schriftstellerin Benoît Groult hat mit ihrem Roman über eine lebenslange Außenbe-

NICHTS LIEBEN, DAS IST DIE HÖLLE
>GEORGES BERNANOS<

ziehung, *Salz auf unserer Haut* (1968), einen Bestseller geschrieben, der vor allem Frauen rund um den Erdball millionenfach fasziniert hat. Das zeigt, dass das Thema der Außenbeziehung von Tolstois *Anna Karenina* über Flauberts *Madame Bovary* und Theodor Fontanes *Effi Briest* bis heute nichts von seiner Faszination und Dringlichkeit verloren hat.

Oft ist eine Außenbeziehung die Antwort auf eine armselig gewordene, sprachlose, sexarme und unzärtliche Beziehung. Max Frisch schildert in seinem Tagebuch 1966–1971 die Situation in grausamer Ehrlichkeit: *Es gibt nichts zu sagen … Aber nicht einmal das sagt er. Seine Frau unternimmt alles, um ihn zum Reden zu bringen, neuerdings auch Streit, bis sie weint: weil er nicht widerspricht. Er am Fenster, Hände in den Hosentaschen, als überlege er eine Antwort. Stumm. Wenn er sich endlich umdreht, fragt er, ob der Hund schon gefüttert sei.* Das ist das typische eheliche Packeissyndrom.

Im Fall eines Seitensprungs tragen beide Partner, auch der oder die so genannte Betrogene, ihre Verantwortung. Es führt zu nichts, auf dem moralisch hohen Ross zu sitzen, den Gekränkten zu spielen und den Täter oder die Täterin zum Hurenbock oder zum Flittchen zu erklären. Dazu ist das Ereignis, das schließlich nur der Explosionspunkt schon lange währender Erschütterungen ist, zu ernst. Das Paar muss ran an die Beziehungsarbeit.

Oft ist die Liebe in der Außenbeziehung ein Befreiungsschlag und eine Neugeburt zugleich. Eva, eine Apothekerin um die fünfzig, gepflegt, warmherzig und spritzig, erklärte mir: „Es tut mir schrecklich leid, wie sehr ich meinen Mann mit meinem Seitensprung verletzt habe. Ich habe starke Schuldgefühle. Ich konnte auch zu keinem Zeitpunkt diese Liebe, die ich zu meinem Kollegen Stefan gefasst hatte, ohne Gewissensbisse genießen. Immerhin haben mein Mann und ich zwei Kinder miteinander. Wir haben unsere finanziellen Angelegenheiten gut im Griff. Er hat sein eigenes Geschäft und ist, wie ich, bienenfleißig.

Aber ich fand das Leben mit ihm seit Jahren trostlos, von bleierner Schweigsamkeit und stinklangweilig. Im Sommer raste mein Mann, sobald er vom Geschäft nach Hause kam, zum Golfplatz, aß dort auch zu Abend und kam so spät wie möglich heim. Im Winterhalbjahr verabredete er sich jeden zweiten Abend in der Tennishalle, trank anschließend noch seine Biere, um wiederum meine Nähe zu meiden. War er mal zu Hause, verzog er sich vor den Fernseher oder zu seinen Computerspielen.

Ich war auch nicht viel anders. Ich habe meinen Freundeskreis erweitert, ging viel weg, schmiss mich in tolle Klamotten und war kaufsüchtig. In meinen Schränken, selbst auf dem Speicher, stapelten sich die Kleider. Für meine Kosmetika musste ich einen speziellen Schrank aufstellen. Dabei war ich innerlich einsam und unglücklich."

Als Evas beste Freundin sich umbrachte, weil ihr Mann sich von ihr getrennt hatte und sie zudem eine Krebsdiagnose erhielt, war Eva nahe daran, das Gleiche zu tun: „Ich hatte ja Zugang zu schweren Barbituraten und anderen Giften. Es wäre einfach gewesen. Aber etwas hielt mich immer noch zurück – die Hoffnung auf eine Wende in meinem Leben. Sie kam unversehens während einer pharmazeutischen Fortbildung. Stefan, ein Kollege, setzte sich beim Abendessen zu mir. Er war rundlich, untersetzt, während ich groß und schlank bin. Er strahlte mich an, er hörte mir zu, er ging mit mir tanzen. Äußerlich gesehen war Stefan alles andere als ein Traummann, aber er war so zärtlich, seine Worte voller Wärme, Lebenserfahrung und einem immensen Durst nach Zärtlichkeit. Auch er war verheiratet, aber die Beziehung stimmte schon seit langem nicht mehr. Seine Frau, berichtete er mir, wies ihn sexuell ab und verschanzte sich hinter den Kindern. Es war alles so einfach zwischen Stefan und mir. Am zweiten Abend schliefen wir miteinander, unbefangen und glücklich. Die Monate unserer heimlichen Liebe bliesen wie eine warme Frühlingsbrise über meine erkaltete Seele. Ich wurde wieder eine Frau. Ich fühlte mich begehrenswert. Ich bekam Achtung vor mir selbst, aber auch Achtung vor dem Mann. Schön konnte die Liebe sein. Das Leben war doch noch nicht zu Ende."

Die Außenbeziehung ist ein tiefer Eingriff in das Paargeschehen. Sie bedeutet Bruch der Exklusivität,

Verrat an der ursprünglichen gemeinsamen Utopie. Sie ist die Bedrohung der Beziehung schlechthin. Denn der oder die Betrogene fragt sich mit Recht: *Wohin* springt mein Partner? Will er/sie die Ehe verlassen, um in der neuen Bindung zu leben? Wird er die Beziehung weiterführen? Wird er zurückkehren zu mir, aber mit Groll und halben Herzens? Wird es uns gelingen, einen Neuanfang zu setzen?

Exakt hier setzt die Liebesarbeit an. Es stellen sich die Fragen, die sich auch bei der Inventur in der Lebensmitte ergaben. In meinem Buch *AußenBeziehung* habe ich rund fünfzig Fragen zusammengestellt, die ein Paar als Vorlage für die Aufarbeitung der Krise verwenden kann. Sie reichen von *Wiederhole ich in der Ehe meine alte Eltern-Kind-Situation?* bis *Bin ich untreu, weil ich die Veränderung und Entwicklung brauche?*

Jedes Paar, und das gilt auch für die Außenbeziehung, bekommt genau die Krise, die es braucht. Die Krise enthüllt die geheime Wahrheit des Paares, die Sollbruchstelle der Beziehung, das Defizitäre. Sie enthüllt aber meist auch, worin die Lebens- und Liebesstärke des Paares, seine geheimen Quellen, bestehen. Nicht selten erlebe ich es, dass der oder die Betrogene insgeheim, je nach Temperamentslage, traurig oder wütend ist, dass sie selbst es nicht wagten, die Chance eines Verliebtseins zu realisieren. Je fanatischer sie den Partner ob seiner Untreue hassen und beschimpfen, desto stärker ist oft ihre heimliche

Sehnsucht nach einer ähnlichen Liebesbegegnung. Die Außenbeziehung setzt ungeahnte Energien, Erkenntnisse und Wiederbelebungen männlicher oder weiblicher Identität frei.

In seinem großartigen Buch *Warum hast du mir das angetan? Untreue als Chance* schreibt Hans Jellouschek: *Ich erlebe sehr oft, dass in einer Außenbeziehung plötzlich eine tiefere Möglichkeit des Menschseins, eine tiefere Möglichkeit von Liebe und Hingabe erlebt wird, wie sie vielleicht noch nie oder schon lange nicht mehr erlebt worden ist. Die Menschen werden plötzlich aus ihrem Alltag herausgerissen und entdecken Fähigkeiten, an die sie nicht geglaubt haben … Vielleicht liegt der Sinn in diesem Momenthaften, sich auf den Weg dorthin zu begeben. Es leuchtet also ein Stück Hoffnung auf, dass doch mehr möglich sein könnte, als man bisher in seinem Leben für möglich gehalten hätte.*

Gewiss ist der weitere gemeinsame Weg nach einer Außenbeziehung nicht einfach. Er bedeutet, auf beiden Seiten, Trauer und Wutarbeit. Da ist ein Dickicht von Lügen. Misstrauen frisst sich wie ein Krebsgeschwür in die Beziehung ein. Der betrogene Partner fühlt sich entwertet. Hillary Clinton schreibt in ihren Erinnerungen *Gelebte Geschichte* kummervoll über die Familiensituation, nachdem die Affäre ihres Mannes mit der Praktikantin Monica Lewinsky aufgedeckt wurde: *Nun mussten wir Chelsea mitteilen, dass ihr Vater sie ebenfalls belogen hatte. Es waren schreckliche Momente, die wir alle durchmachten. Ich wusste nicht, ob unsere Ehe diesen Betrug überstehen konnte oder sollte. Es war die verheerendste, schockierendste und schmerzlichste Erfahrung in meinem Leben.*

Aber auch derjenige, der die Außenbeziehung beendet, braucht Zeit, sich von seiner neuen Liebe zu verabschieden und muss trauern dürfen. Auch er/sie erlebt einen Absturz.

Nach der Schattenarbeit an der Beziehung steht ein Prozess des Verzeihens an, möglicherweise auch professionelle Hilfe in Form einer Paartherapie. Die Beziehung wird nie wieder so sein, wie sie war. Sie hat jetzt innere Brüche, Haarrisse. Frau und Mann fühlen sich wie Rekonvaleszenten nach einer schweren Krankheit.

Ohne Verzeihen wird die Beziehung keine Zukunft haben. Verzeihen fällt uns allen schwer. Dabei heißt es doch im christlichen Vaterunser ... *und vergib uns unsere Schuld, wie auch wir vergeben unseren Schuldigern*. Wir sind aber, tiefenpsychologisch gesehen, lieber starrsinnig und unerbittlich. Warum? Solange wir wütend sind, brauchen wir unsere Trauer nicht zu spüren. Solange wir grollen, können wir auch die Szenerie unserer lieblos gewordenen Ehe und den Einbruch des/der Dritten in unser Elendsgetto nicht weiter hinterfragen.

Doch genau das ist unerlässlich. Es ist viel einfacher, den Geliebten der Frau als Rivalen „platt zu machen“, als ihn als einen ungelebten Teil meiner selbst, als einen *Schattenbruder* wahrzunehmen. Dies ist der Rivale vielleicht insofern, als er Dinge auslebt, die bei mir im Schattensack schmoren: Aufmerksamkeit, Selbstachtung, Offenheit, Zärtlichkeit, Zuwendung. Umgekehrt ist es für eine Frau ebenso entlastend wie unwahr, die Rivalin als Schlampe und Hure zu verunglimpfen, statt die *Schattenschwester* anzunehmen und daraus etwas für sich zu lernen: ihre Eleganz, Lebensfreude, Leichtigkeit, fröhliche Sexualität und lustvolle Weiblichkeit.

Als Evas Außenbeziehung durch eine Indiskretion aufflog, reagierte ihr Mann erstaunlich. Er tobte zwar zunächst und lud ein apokalyptisches Gewitter ab, aber dann stellte er Eva Fragen über Fragen. Eva: „Zu meinem Erstaunen wollte er nicht wissen, ob Stefan ‚besser im Bett‘ sei. Das sind doch so typische Eifersuchtsfantasien von Männern. Nein, er wollte immer wieder wissen, welche seelischen Qualitäten ich an Stefan schätzen würde. Darauf gab ich ihm ehrliche Antworten. Ich erzählte ihm auch, dass Stefan rein körperlich weniger attraktiv als er sei. Mein Mann hat mir damals ein, wie ich finde, fabelhaftes Angebot gemacht. Er sagte: ‚Ich werde alles tun, um mich zu ändern und deine Kritik ernst nehmen – wenn du diese Beziehung beendest.‘ Er hat sich geändert, ich habe mich in Freundschaft von Stefan getrennt. Das Wunder ist geschehen: Mein Mann und ich haben einen Neuanfang geschafft."

Es ist erstaunlich, was ein Paar in der Krise aushalten kann, wenn es an sich arbeitet. Das stimmt optimistisch. Melanie und Rudolf, beide zwischen dreißig und vierzig, Eltern von drei Kindern, haben mir über die Odyssee ihrer Herzen geschrieben. Als Melanie Rudolf mit achtzehn Jahren kennen lernt, ist sie selig, denn sie hält es bei der Mutter und vor allem bei ihrem Stiefvater nicht mehr aus. Rudolf erscheint als der perfekte Fluchthelfer: „Wir haben uns auf Anhieb verstanden, und seine Familie war ein Traum! Auch heute noch kann ich nur sagen, was für ein Wahnsinnsglück ich hatte, ihn und seine Familie kennen zu lernen. Aber mein Wegrennen und meine Naivität empfinde ich als große Schwächen und Fehler." Melanie ist fasziniert von der Konsequenz und inneren Ruhe ihres geliebten Rudolf. Sie empfindet ihn als Gegenpol zu ihrem Charakter.

Umgekehrt faszinierte Rudolf Melanies Temperament: „An ihr hat mir von Anfang an ihre Ausstrahlung imponiert, ihre Selbstsicherheit und ihr ungezwungenes Lachen. Sie kann ganz spontan etwas völlig Unerwartetes machen, und das hat mich fasziniert. Sie war und ist immer aufgeschlossen für Neues und auch für Verrücktheiten."

Die beiden Kleinkinder brachten eine erste Belastung. Rudolf: „Ich musste sehr viel zurückstecken und auch sehr viel auf die Zärtlichkeiten meiner Frau verzichten.“ Auch Melanie empfand die Kinder als ein gelegentlich strapaziöses Glück: „Die Kinder sind das Allerbeste, das uns je passiert ist, aber auch das Anstrengendste und Auslaugendste, was man sich vorstellen kann. Sie sind dank vitalstoffreicher Vollwertkost – seit drei Jahren ernähren wir uns nach Dr. Bruker – sehr gesunde und lebenslustige Kinder. Doch sie haben mich sehr gefordert, und oft hatte ich das Gefühl, nur noch eine abgerackerte Haushaltshilfe statt einer richtigen Frau zu sein.“

Dann passiert es: „Manuel lernte ich vor sechs Jahren bei der Arbeit kennen. Er arbeitete im Handwerksbetrieb, ich in der gleichen Firma in der Abteilung Bestellung und Verkauf. Manuel war mir von Anfang an sehr sympathisch. Ich mochte sehr seine Art zu reden und seinen unwiderstehlichen Charme. Es dauerte nicht lange, da spürte ich, dass ich zu ihm Gefühle hege. Dass ich ihn viel zu sehr mochte. Ich war ja bereits mit Rudolf verheiratet! So blieb es all die Jahre bei einer guten Freundschaft. Wir hatten keinen regelmäßigen Kontakt, Besuche waren selten. Doch im letzten Sommer rief mich Manuel überraschend an. Er sagte, er würde in nächster Zeit am Samstag noch allein in der Werkstatt arbeiten. Wenn ich Lust hätte, könne ich ihn doch einmal besuchen kommen.“

Das tut Melanie denn auch. Sie geht am Wochenende in den verlassenen Handwerksbetrieb: „Ich habe mich umgesehen, und es dauerte nicht lange, da kam er auch schon vom Keller die Treppe hinauf, in Handwerksmontur mit einem unwiderstehlichen Lächeln im Gesicht. Ich sagte: ‚Da bin ich.' Wir haben uns zuerst ein wenig unterhalten und sind dann in ein nahe gelegenes Café gegangen. Wir saßen an einem Tisch, in einer schummerigen Ecke, nahe beieinander und haben gerade ein paar Worte gewechselt. Er schaute mir tief in die Augen, und schon haben wir uns geküsst. Ich legte meine Hand auf seine Schultern und streichelte ihm den Rücken. Dann nahm er meine Hand und sagte zu mir: ‚Komm, ich muss dir etwas zeigen.' Ich fragte ‚Was denn?'

Wir gingen wieder in den Betrieb zurück. Er zeigte mir die Sauna von seinem Chef. Davor war eine Holzbank zum Ausruhen. Nun standen wir da und küssten und streichelten uns. Es dauerte nicht lange, da lag ich mit dem Bauch auf dieser Holzbank. Ich wusste, was passieren würde. Ich befand mich in einem Trancezustand und war unfähig, wieder aufzustehen. Er drang in mich ein, und nach einer Minute war alles erledigt. Danach klagte er, dass er noch nie richtig Sex mit seiner Frau hatte. Er wäre bereits seit drei Jahren verheiratet und habe allen Ernstes noch nie mit ihr Geschlechtsverkehr gehabt.

Bald darauf fuhr ich nach Hause. Ich bin gleich ins Bett gegangen und habe Rudolfs Wunsch nach

Sex abgewiesen. Ich habe ihn schon oft abgewiesen. Ich habe meinem Mann auch nichts gesagt und es für mich behalten. Ein paar Wochen lang. Als ich dann bemerkte, dass ich schwanger war, ist mir sofort der Gedanke gekommen ‚Oh Gott, dieses Kind ist von Manuel!' Als ich Manuel mit der Schwangerschaft konfrontierte, erwiderte er lediglich lapidar: ‚Ihr habt doch eh immer drei Kinder gewollt'. Da war mir klar, dass er in keiner Weise zu diesem Kind stehen würde. Für ihn war es eher eine Strafe Gottes für mein Vergehen."

Am Tag darauf eröffnete Melanie alles ihrem Rudolf. Sie hatte Knochenangst, dass er sie und die Kinder verlassen würde. Rudolf hat diese Situation folgendermaßen erlebt: „Da ist für mich eine Welt zusammengebrochen. Denn ich hatte Melanie immer den Freiraum und die Freiheit gelassen, die sie brauchte. Wir wissen im Moment nicht, wer jetzt der leibliche Vater dieses dritten Kindes ist. Es könnte auch von mir sein. Ich habe in den letzten Monaten erkannt, dass sie sich auf diese Außenbeziehung eigentlich gar nicht einlassen wollte. Sie sagte auch, dass sie mit mir zusammen alt werden möchte, unsere Kinder großziehen will.

Für mich war viel Arbeit notwendig, vor allem auch an mir selbst, um mit dieser Situation zurechtzukommen. Ich konnte mir einfach nie vorstellen, dass uns so etwas passieren könnte. Denn ich konnte bei Melanie auch keine Anzeichen sehen, die mir die Augen geöffnet hätten. Für mich war es wie ein Albtraum, aus dem ich jederzeit aufzuwachen hoffte. Es wird auch weiterhin sehr viel Arbeit notwendig sein, dass das mittlerweile neu entfachte Feuer unserer Liebe nicht wieder zum Erlöschen kommt. Die letzten Monate waren für meine Gefühle die intensivsten in meinem ganzen Leben. Eigentlich war ich nach ihrer ‚Beichte' am Boden zerstört, trotzdem versuchte ich, gleich wieder aufzustehen."

Das Paar begann, wieder miteinander zu reden und sich mittels psychologischer Ratgeber über die Ehe und ihre Krisen zu informieren.

Rudolf erinnert sich: „In dieser Zeit haben wir auch deine Bücher *Außenbeziehung*, *Das sprachlose Paar* und *Zeit für Zärtlichkeit* gelesen. Mir haben diese Bücher geholfen, da ich gesehen habe, dass wir kein Einzelfall sind, sondern dass es sehr viele Paare mit solchen oder ähnlichen Problemen gibt. Wir haben also stundenlang nur geredet und sehr viel Zärtlichkeiten ausgetauscht. Wir haben auch angefangen, für uns eine Art Tagebuch zu führen und darin die Gefühle, die gerade aufkommen, niederzuschreiben, auch was wir gegenseitig von uns halten und erwarten. Plötzlich merkte ich, wie leicht es ist, über die eigenen Gefühle zu reden und zu schreiben."

Rudolf und Melanie haben sich auch mit Manuel zusammengesetzt, auf den, nach einem Vaterschaftstest, eventuell Unterhaltsverpflichtungen zukommen. Für Rudolf war die Begegnung mit Manuel, so scheint mir, goldrichtig. Er gewann damit ein realistisches Bild über die Situation und brauchte sich keine lebensfremden Fantasien über den „Rivalen“ zu machen. Rudolf ist sich im Übrigen sicher, dass das Kind von ihm selbst ist.

Melanie hat Rudolfs tiefe Menschlichkeit erfahren. Das hat sie schier umgeworfen. „Er nahm mich in den Arm und hat mich gedrückt. Mit Tränen in den Augen hat er mir verziehen. Von diesem Tag an wurde alles anders. Wir haben geredet, geheult wie noch nie in unserem Leben. Es war die schmerzvollste und intensivste Zeit in unserer Beziehung. Nun ist alles anders. Wir reden oft miteinander. Es wird weniger ferngesehen. Der Haushalt wird besser aufgeteilt. Es sind viele Kleinigkeiten, die unsere Beziehung jetzt anders machen. Wir sind an einem Punkt, wo wir wissen, dass wir für immer zusammenbleiben wollen, die Kinder zusammen groß werden lassen und die Partnerschaft aufbauen und festigen wollen. Wie in einem Haus, das auch immer wieder saniert werden muss. Es wird noch viel Arbeit auf uns zukommen. Was ich noch sagen möchte ist, dass ich ohne meinen zärtlichen Mann, der mich über alles liebt, vielleicht gar nicht mehr da wäre. Er ist herzenstreu. Er steht zu mir und nimmt mich so, wie ich bin. Er ist mein Fels in der Brandung. Ich bin überaus dankbar, mit ihm zusammen zu sein.“

Trotz der schwierigen Situation macht Rudolf seine Frau nicht zum Sündenbock. Er blickt vielmehr kritisch in sich selbst hinein: „Ich bin auch irgendwie dankbar für die Außenbeziehung meiner Frau, denn so hatte ich zum ersten Mal die Gelegenheit, die Mauern, die ich um mich aufgebaut hatte, abzureißen. Ich durfte meine Verletzlichkeit zeigen, dass ich eben auch ein Mensch mit Gefühlen bin, die verletzt werden können. Manuel war wirklich nur ein Ausrutscher, der uns beiden die Augen für uns geöffnet hat. Meine größte Sehnsucht, die nach Zärtlichkeit, ist in den letzten Monaten voll erfüllt worden. Wir waren in all den Jahren noch nie so intim wie in der letzten Zeit. Ich wünsche mir auch, dass sich Melanie einen Abend in der Woche für sich freihält und mir die Kinder überlässt. Ich selbst habe so einen Abend für mein Vereinsleben." Melanie ist der gleichen Meinung: „Ich wünsche mir mehr Zeit für mich und für uns zwei, nicht immer um die Kinder herum sein zu müssen, öfter mal Auszeit zu nehmen vom Alltag."

Die Außenbeziehung ist die größte Härteprobe für eine Beziehung. Hier heißt es, die Nerven nicht zu verlieren. Hier ist all unsere Ehrlichkeit gefordert. Hier gilt der kategorische Imperativ der Liebe, wie ihn Eugen Drewermann formuliert: *Liebe mich, wenn ich es am wenigsten verdiene, denn dann brauche ich es am meisten.*

Vergeben und Versöhnen

In dem ganzen Bereich menschlicher Schuld gibt es nur eine unverzeihliche: nicht verzeihen können.

Marie von Ebner-Eschenbach, Aphorismen

Wenn es schon für eine so schwere Beziehungskatastrophe wie die Außenbeziehung eines Partners Vergebung und Versöhnung gibt, wie sehr müssen dann die alltäglichen Verletzungen auf dem Schlachtfeld der Liebe verzeihensfähig sein! Wer nicht vergeben will, der hängt zäh an der Vergangenheit. Versäumt er damit nicht, die Gegenwart und die Zukunft zu verpassen? Liegt, anders gesprochen, das Verzeihenkönnen nicht im ureigensten Interesse beider Partner? Wird Versöhnung nicht zu einem wachsenden Bedürfnis und einer Notwendigkeit im Wandel der Liebe durch die Lebenszyklen?

In dem Drama *Seine lange Reise durch die Nacht* von Eugene O'Neill kreisen die Gedanken und Reden der tragischen Heldin Mary unablässig um ihre schwere Vergangenheit, die sie nicht loslassen und damit auch nicht beenden will. Hilflos mahnt der Ehemann sie: *Um Himmels Willen, Mary, vergiss die Vergangenheit!* Sie antwortet verstockt:

UMARME DEINEN GEGNER,
BIS ER SICH ERGIBT

Warum? Wie könnte ich das? Die Vergangenheit ist die Gegenwart, oder? Sie ist auch die Zukunft. Wir versuchen alle, ihr zu entfliehen, aber das Leben erlaubt es uns nicht.

Tatsächlich steht ihr Leben still, ihre Zeit verstreicht glücklos. Mary vermag keine neuen Pläne zu entwerfen, sie kann keine neuen Bindungen eingehen. Weil sie sich die Ablösung von dem alten Schmerz nicht erlaubt, kann sie sich nicht für neue Freuden öffnen.

Natürlich ist es immer besser, wenn das Paar zu streiten gelernt hat, bevor sich überhaupt erst ein Schuldenberg aufhäuft, der durch Verzeihen abzutragen wäre. So wie es die gute Aggression und die schlechte Aggression gibt, so gibt es eine faire Streitkultur oder eine „Beißhemmung". Viele Menschen haben nie richtig gelernt, ihre Wut zu äußern, Zorn zu zeigen und ihre Interessen in konstruktivem Streit zu vertreten. Andere Paare streiten notorisch falsch, das heißt hilflos oder abwertend, cholerisch oder nervtötend zickig. Streiten will gelernt sein. Gutes Streiten verbindet. In meiner konstruktiven Aggression mache ich mich für den Partner wie für mich selbst wahrnehmbar. Ich grenze mich ab, zeige Konturen, stecke Reviere ab. *Nicht jene, die streiten, sind zu fürchten,* sagt Marie von Ebner-Eschenbach, *sondern jene, die ausweichen.*

Die Ausweichler, das sind jene, die den Groll und die Verbitterung einbunkern wie eine Konserve, luftdicht verlöten und diese Büchse der Pandora mit ihren schlechten Düften und Gerüchen Jahre später wieder aufmachen. Sie hüten mit wahnhafter Hingabe ihr *Museum der Verletzungen*. Sie polieren jeden Gegenstand unablässig aufs Neue und machen noch um zwei Uhr nachts kostenlose Führungen für Fremde: *Das hat mir mein Mann angetan! So hat meine Frau mich sexuell gedemütigt!*

Nein, Streite müssen ausgetragen werden. Das ist die Kunst des Konflikts. Dabei ist es oft wichtig, nicht den gewohnten, unbeherrscht aufbrausenden Streit zwischen Tür und Angel und beleidigtem Rückzug zu führen, sondern sich in einem eigens anberaumten *Streitgespräch* mit scharfer Sachlichkeit, aber um Verständigung bemüht emotional zu begegnen. Als Hinweis für den Streitstil mag ein römische Sprichwort dienen – *fortiter in re, suaviter in modo* – stark in der Sache, verbindlich im Umgang.

Gerade für ein Streitgespräch sind die *vier Ebenen des Dialogs* wichtig, die der Hamburger Psychologe und Kommunikationsforscher Schulz von Thun herausgearbeitet hat. Hier ein praktisches Beispiel, an dem diese verschiedenen streitträchtigen Ebenen der Kommunikation deutlich werden:

Franz kommt erschöpft von der Arbeit nach Hause. „Gabi, im Kühlschrank ist kein Bier mehr!“ ertönt es kurze Zeit später.

Da ist zunächst einmal die Feststellung des Mannes, dass das Bier ausgegangen ist. Das ist die *Sachebene*.

Dann wird in dem – möglicherweise gereizten – Tonfall die *Beziehungsebene* hörbar. Die versteckte Botschaft könnte lauten: „Verdammt, was machst du eigentlich den ganzen Tag, während ich mich bei der Arbeit totschufte?!"

Franz geht damit zugleich auf die *Selbstoffenbarungsebene*. Er teilt Gabi etwas mit, was sie vielleicht aufmerken lassen müsste, ihr Mitgefühl und ihre Zuwendung stimulieren könnte: „Ich fühle mich total überfordert. Ich kann nicht mehr. Keiner kümmert sich um mich. Du auch nicht!" Die Selbstoffenbarungsebene könnte auch eine andere Botschaft enthalten: „Außer dem abendlichen Bier gibt es ohnehin nichts Schönes in meinem Leben!"

Franz befindet sich mit seiner versteckten Botschaft „Kümmere dich um mich!" auch auf einer *Appellebene*. Sie heischt nach einer Antwort.

Wenn nun Gabi ihrerseits bissig kontert: „Bin ich etwa für dein Bier verantwortlich?", dann wäre es höchste Zeit, dass beide gemeinsam ihre Beziehungsaussagen, Selbstoffenbarungen und versteckten Appelle miteinander erörtern und den Ärger auflösen. Dazu müssen sie lernen, von den übergriffigen *Du-Botschaften* zu lassen, wie man es im Zwiegespräch tut, und in *Ich-Botschaften* ihr

Inneres und damit die Quelle ihrer Wut offen zu legen.

Aber meist ist das Gegenteil der Fall. Alfred, ein verschüchterter Ehemann und ein ängstlicher Junge von Kind an, gestand mir noch als Fünfzigjähriger erbittert: „Meine Frau ist wie meine Mutter. Sie zetert ohne Unterlass, und ich gehe in Deckung."

Im Jahr 2003 führten die Psychologen Klaus Schneewind und Eva Wunderer eine Studie mit 636 in erster Ehe verheirateten Paaren durch. Es ist aufschlussreich, dass bei stabilen Ehen folgendes Erfolgsrezept an vierter Stelle stand: die konstruktive Konfliktlösung und Kommunikation. Als Kriterien für eine gute Ehe nannten die befragten Paare folgende Komplexe:

1) Toleranz und Akzeptanz, den anderen so zu nehmen, wie er ist (32%)
2) Vertrauen, Offenheit, Ehrlichkeit (30%)
3) Liebe und Zuneigung (28%)
4) konstruktive Konfliktlösung und Kommunikation (25%)
5) gemeinsame Interessen, Hobbys und Freunde (20%)
6) Solidarität, gegenseitige Unterstützung, gemeinsam „durch dick und dünn gehen" (19%)
7) die gemeinsame lebenslange Verantwortung für Kinder und Enkel (14%)

8) sich in der Partnerschaft nicht einengen, Freiräume behalten (14%)
9) Treue (13%)
10) finanzielle Verpflichtungen, gemeinsamer Besitz, materielle Dinge gemeinsam regeln (7%)
11) übereinstimmende Werte und Ansichten, die „gleiche Wellenlänge“ (6%)
12) Zärtlichkeit und eine zufriedenstellende sexuelle Beziehung (4%)

Ein Streit darf sich nicht in symmetrischen Eskalationen verlieren. Jeder Vorwurf wird zum Gegenvorwurf, jede Schuldzuweisung produziert Gegenschuldzuweisung. Der Angreifer wird zum Angegriffenen, der Angegriffene wird zum Angreifer. Täter und Opfer sind am Ende nicht mehr auseinander zu halten. Partner müssen lernen, ihre „heißen Themen“ aus dem unleidlichen Wortschwall herauszufiltern und zu klären. Sie müssen ein Auge haben für ihre unterschiedlichen Wahrnehmungsweisen und Lebensstrategien, ihre unterschiedlichen Bedürfnisse und differierenden Wertsysteme. Sie dürfen die Seh- und Verhaltensweisen des anderen nicht diffamieren, sondern müssen sie erst einmal akzeptieren.

Es ist wichtig, als Paar eine gute *Sachebene* einzunehmen, die eigene Position zu beschreiben, die andere wirklich wahrzunehmen, eigene Wünsche und die des anderen zuzulassen, die Blockade aufzulösen und die Achillesferse der eigenen Verwundung zu erkennen. Das ist die Stelle, an der man besonders empfindlich und mimosenhaft ist. Ein Beispiel: Als jüngstes von fünf Kindern wurde mein kleines Stimmchen oft überhört. Im Internat gehörte ich wegen meiner Unsportlichkeit, meiner zarten Statur und meines chronischen Schulversagens zu den Underdogs. Prompt werde ich heute noch, je nach Stimmung, fuchsteufelswild oder tief gekränkt, wenn ich den Verdacht hege, dass meine Frau mir nicht zuhört und ihre Blicke schweifen lässt. Das ist mein Problem, keineswegs aber ihres.

Das Wort ist wieder einmal gefallen: der *Schatten*. Hinter Konflikten verbergen sich oft die frühen, nicht wahrgenommenen Wünsche meines Kind-Ich. Oft streiten bei Mann und Frau zwei Kind-Ichs unbewusst miteinander. Die Frau zum Beispiel versteckt ihre Bedürfnisse unter Vorwürfen („Du sitzt zu lange am Computer. Du ruinierst dir noch deine Augen"), während in Wahrheit ihr Kind-Ich um jene Nähe bettelt, die ihr der Vater immer verweigert hat. Er dagegen verteidigt mit bissigen Bemerkungen („Sei doch nicht so unselbstständig. Mach dir doch selbst einen schönen Abend") jene Distanz, die ihm seine allgegenwärtige und kontrollierende Mutter nie eingeräumt hat.

Jede Partnerschaft hat ihren dunklen, unbewussten Schattenraum, der, wie alles Verdrängte, das Paar im Griff hält und lähmt. Ich staune als Paartherapeut immer wieder, wie wenig Paare auch nach langen Jahren des Zusammenseins von ihren Abgründen, Ängsten und seelischen Bedürftigkeiten wissen.

Wo vergeben und verziehen werden soll, muss zuerst verstanden werden. Warum hat beispielsweise Rudolf, den wir im letzten Kapitel kennen lernten, nicht bei den häufigen sexuellen Abweisungen durch Melanie einmal kraftvoll auf den Tisch gehauen? Wir können es nur vermuten. In seiner Herkunftsfamilie war er wahrscheinlich der brave Junge, der zur Anpassung erzogen wurde und damit zur Beißhemmung. Das ist sein Schatten. Genauso muss sich auch Melanie nach ihrem Schatten fragen. Auch hier können wir nur vermuten. Hat sie bei ihrer „Flucht“ vor dem ungeliebten Stiefvater möglicherweise nur auf das behagliche Nest und den Familienersatz, den ihr die Schwiegereltern boten, gestarrt? Hat sie dabei den wilden Anteil ihrer Weiblichkeit vernachlässigt?

Vergeben und Verzeihen wird auch dann schwer, wenn einer oder beide in der Beziehung Geheimnisse mit sich herumschleppen. Das kann eine Außenbeziehung sein, auch eine platonische Beziehung, die Tag und Nacht die Gedanken fesselt, eine verschwiegene Geldanlage, ein Komplott mit den Schwiegereltern, eine Komplizenschaft mit den Kindern gegen den Partner. Das gehört alles zum modrigen Schattenbereich, der der Partnerschaft Energien und Gefühle entzieht.

Den persönlichen Schatten zu erkennen, bedeutet aber auch, wie wir früher gesehen haben, hinter der Verachtung des Partners die abgewehrten, drängenden Persönlichkeitsanteile des eigenen Ich zu erkennen und sie endlich leben zu lassen. Lena zum Beispiel, eine sanfte, rehäugige Kindergärtnerin, achtundzwanzig Jahre, noch geradezu mädchenhaft in Körperbau und seelischem Habitus, beschuldigte in der Einzeltherapie ihren (abwesenden) Mann als grässlich aggressiv und laut. Sie selbst piepste wie ein Mäuschen. Ich musste sie des Öfteren bitten, lauter zu sprechen, weil ich sie akustisch nicht verstehen konnte. Unwillkürlich machte meine therapeutische Fantasie aus Lenas Mann Eberhard einen King Kong mit gewaltigen Greifarmen.

Herein spazierte in meine Praxis eines Tages Eberhard. „King Kong“ war eher zart als untersetzt. Er sprach manierlich und moderat. Was mir allerdings auffiel, war, dass Eberhard, der Rektor an einer Grundschule war, klar sprach, seine Interessen konsequent vertrat und die eheliche Sachlage präzise analysierte, ohne sich von Lenas fließenden Tränen allzu sehr beeindrucken zu lassen. Lena selbst hatte nie gelernt, energisch aufzutreten. Wir mussten alle Drei am Ende lachen, als sie bekannte, ihre Eltern und Geschwister hätten sie, die Kleine, „Mäuschen“ genannt...

In dem Maße, in dem ich meinen eigenen Schatten erkenne, vermag ich in meiner Partnerschaft wichtige Einstellungsänderungen durchzusetzen. Zum einen suche ich die Ursache der Beziehungsstörung nicht mehr ausschließlich beim Partner. Ich beende mein Schwarz-weiß-Denken. Ich bekämpfe nicht mehr mein eigenes Schattenthema am anderen. Ich setze mich mit mir selbst auseinander. Die eigene Schattenarbeit macht mich gütiger gegen meine eigene Widersprüchlichkeit und damit auch wohlwollend für den Schatten des anderen: Indem ich den Balken im eigenen Auge erkenne und ihn beginne herauszuziehen, werde ich auch wohlwollender für den Splitter im Auge des Partners.

Nun kann auch die Reise des Verzeihens beginnen. Ich weiß jetzt, dass der individuelle und der gemeinsame Schatten zur Beziehung gehören. Ich will nicht länger ein Gefangener alter Verletzungen bleiben. Jetzt gebe ich mir einen moralischen Ruck. Das ist unzweifelhaft ein Kraftakt, aber er öffnet den Weg nach vorn.

Wo wären denn ganze Völker geblieben, wenn sie sich nicht hätten verzeihen können? Im Zweiten Weltkrieg hat der deutsche Überfall auf die Sowjetunion zwanzig Millionen Russen das Leben gekostet. Siebzigtausend Dörfer machten die Soldaten der Hitlerwehrmacht in der Mordtaktik der verbrannten Erde mit Flammenwerfern dem Erdboden gleich. Und doch haben die Russen in ihrer überwältigenden Mehrheit den Deutschen verziehen und wünschen sich gute nachbarschaftliche Beziehungen mit uns. Ein Nelson Mandela, der von den weißen Funktionären des südafrikanischen Apartheidregimes fast 30 Jahre seines Lebens wie ein Krimineller eingekerkert und mit dem Tod bedroht wurde, hat öffentlich den Peinigern der schwarzen Bevölkerung verziehen und damit einen weltgeschichtlichen Prozess der nationalen Versöhnung eingeleitet. Auch zwischen Israelis und Palästinensern wird nach so viel Hass und Gewalt früher oder später die Frage der Aussöhnung anstehen.

Versöhnen befreit. Wir werfen Ballast vom Luftschiff unserer Seele. Unser Hass hingegen verstrickt uns. Max Frisch notiert in seinem Tagebuch: *Vor allem meine ich sicher zu sein, dass mein Hass mich mehr geschädigt hat als sie, die ich hasste. Hass als Stichflamme, die plötzlich erhellt; aber dann verdummt er mich ... Als der Hassende halte ich mich an den Gehassten, und es hilft mir nicht, dass er sich entzieht, im Gegenteil. Je seltener ich ihn sehe oder von ihm höre, umso gründlicher ist mein Hass, das heißt meine Selbstschädigung ... Mein Hass wird mit der Zeit zu kostspielig.*

Rechthaberei und Schuldzuweisungen entfernen uns nicht nur vom anderen, sondern vor allem von uns selbst. Sie hindern uns daran, die Spannungen realistisch zu betrachten, unseren eigenen Anteil an Konflikten zu übernehmen und Verantwortung dafür zu tragen. Schuldzuweisungen sind eine Delegation. Sie führen uns von uns selbst weg. Sie machen den Partner zum Problem. Gleichzeitig verfolgen wir dabei eine vor Selbstmitleid triefende Opferideologie. Das sind infantile Reaktionsmuster, ebenso wie das Beharren auf Rachegefühlen.

Vergeben heißt, wir werden wieder handlungsfähig, wir retten eine Beziehung – oder wir beenden eine unrettbare Beziehung. Wir erlangen wieder den Seelenfrieden. Vergeben heißt, weder zu vergessen noch zu leugnen, noch Wut und Trauer zu überspringen. Vergeben bedeutet nicht, auf seine Rechte zu verzichten oder den anderen einfach nur zu entschuldigen.

Vergeben sollte auch keine Demonstration angeblicher moralischer Überlegenheit sein. Das erinnert mich an einen alten Jesuitenwitz. Sagt der eine Kleriker zum anderen: „An Demut übertrifft mich keiner."

Vergebung ist ein menschliches und geistiges Abenteuer. Sie erfordert den Entschluss, sich nicht zu rächen. Sie bedarf einer Rückbesinnung auf mich selbst. Sie ist zuerst einmal eine Reise durch wilde Emotionen, wie wir es bei den Reaktionen der Partner auf eine Außenbeziehung des anderen sahen. Vergebung gibt mir auch wieder ein realistisches Bild der Person, die mich verletzt hat. Sie ist eben nicht nur der Täter, die Täterin, sondern darüber hinaus ein Mensch mit umfassenden, liebenswürdigen und spannenden Eigenschaften.

Hillary Clinton hat diese Faszination gegenüber ihrem Mann eindringlich beschrieben: *Noch heute verblüfft mich Bill mit den Verbindungen, die er blitzschnell zwischen Ideen und Worten herstellt. Seine Sätze wirken leicht und spontan, sein Tonfall erinnert mich an Musik. Ich liebe seine Art zu denken – und seine Ausstrahlung. Das Erste, was mir damals an ihm aufgefallen ist, waren seine schmalen Hände. In unseren ersten Jahren konnte ich mich stundenlang allein beim Anblick seiner Finger beim Blättern in einem Buch ergötzen. Seine Hände sind immer noch sehr schön, auch wenn die Zeit nicht spurlos an ihnen vorbeigegangen ist.*

Warum Hillary Bill Clinton verziehen hat? Hillary meint: *Wie kann ich eine Liebe erklären, die Jahrzehnte überstanden hat und stetig gewachsen ist, während wir unsere Tochter aufgezogen, unsere Eltern begraben und uns um unsere großen Familien gekümmert haben. Wir haben lebenslange gemeinsame Freunde und einen gemeinsamen Glauben und spüren beide eine tiefe Verpflichtung unserem Land gegenüber.*

Jede Ehe und Langzeitbeziehung hat ihre unverwechselbare Identität, ihre Lust- und Leidensbiografie. Das kann ein wichtiges Motiv zur Vergebung und Verzeihung sein. Hillary kommt zu dem Schluss: *Im Grunde ist unsere Beziehung aber zu tief, als dass ich sie mit Worten beschreiben könnte. Vielleicht kann man es so formulieren: Im Frühjahr*

1971 begann ich ein Gespräch mit Bill Clinton, und mehr als dreißig Jahre später reden wir immer noch miteinander.

Vergebung setzt die Kräfte der Liebe wieder frei. Wir alle sind verzeihensbedürftig. Wir stecken voller ungelöster Widersprüche. Ein Abbruch der Beziehung wäre Unfug. Wegen eines Kurzschlusses kündigt man nicht gleich die Wohnung. „Manchmal könnte ich meinen Mann wegen seiner Sturheit und Maulfaulheit an die Wand klatschen", gestand mir eine junge Sportlehrerin, „aber er ist ja so verlässlich und hilft mir aus jeder Patsche."

Das Christentum hat, wie wir im Vaterunser sehen, dem Verzeihen einen großen Raum eingeräumt. Die jüdische Philosophin Hannah Arend hat dies mit Bewunderung als eine der größten Leistungen dieser Religion gerühmt. Und doch ist das Verzeihen nicht nur eine Frage der Moral oder der Religion. Sie ist ein Zeichen menschlicher Einsicht und seelischer Reife. Keiner von uns ist perfekt. Wir müssen aber zusammenleben, besonders in der Partnerschaft. Also müssen wir uns gegenseitig immer wieder die Chance des Neuanfangs einräumen, wenn es denn weitergehen soll. Was wäre, wenn wir das nicht könnten?

Hannah Arendt hat in ihrem Meisterwerk *vita activa, Vom tätigen Leben* diese Situation zu Ende gedacht. Wo keine Verzeihung wäre, lebten wir unter dem Terror des Kausalitätsprinzips. Das heißt, das Übel, das wir einmal in die Welt gesetzt hätten, würde sich fortzeugend bis in alle Ewigkeit erhalten. Ohne Vergebung blieben wir Gefangene unserer Untaten. Hannah Arendt begründet: *Gäbe es nicht eine Mitwelt, die unsere Schuld vergibt, wie wir unseren Schuldigern vergeben, könnten wir uns kein Vergehen und keine Verfehlung verzeihen, weil uns, eingeschlossen in uns selber, die Person mangeln würde, die mehr ist als das Unrecht, das sie beging … Dass es in dieser Welt eine durchaus diesseitige Fähigkeit gibt, „Wunder" zu vollbringen, und dass diese Wunder wirkende Fähigkeit nichts anderes ist als das Handeln, dies hat Jesus von Nazareth … nicht nur gewusst, sondern ausgesprochen, wenn er die Kraft zu verzeihen mit der Machtbefugnis dessen verglich, der Wunder vollbringt.*

Vergeben und Verzeihen heißt, dem Partner meine Verletztheit ins Gesicht zu sagen. Wenn wir das Geschehene bagatellisieren, sind wir unehrlich und verletzen uns selbst ein zweites Mal. Versöhnung bedeutet, vom Partner zu verlangen, dass er die Verletzung auch ohne Wenn und Aber anerkennt. Das geht nur mit Demut, nicht mit Hochmut. Versöhnung bedeutet weiter, dass der Partner mich um Verzeihung bittet, respektive ich ihn. Das haben wir schon als kleines Kind gelernt, die winzigen Sätze: *Es tut mir Leid. Verzeih mir.*

Bei der Bitte um Verzeihung sind drei Antworten möglich: *Ich verzeihe dir nicht. Ich verzeihe dir noch nicht. Ich verzeihe dir.*

Wenn ich sage, *ich verzeihe dir nicht,* dann ist das das Ende der Beziehung. Das muss ich mir klar vor Augen führen. Ich erlebe das immer wieder. Ich erinnere mich an ein Paar, bei dem der Mann sich fast zwei Jahrzehnte, unter Berufung auf seine Impotenz, den erotischen Annäherungen und damit der Sehnsucht seiner Frau entzog, aber über mehrere Jahre hinweg mit einer anderen Frau schlief. Als die Frau hinter dieses Geheimnis kam, war sie bis auf den Grund ihrer Seele geschockt. So viel Lüge hätte sie sich nicht träumen lassen. Die Paarsitzungen führten zu keinem positiven Ergebnis, auch wenn der Mann weinte, sich selbst verdammte und um Verzeihung bat. Die Frau konnte – oder wollte? – nicht verzeihen. Die Beziehung ging auseinander.

Wenn eine Verzeihung ausgesprochen ist, dann darf sie auch nicht mehr zurückgenommen werden. Vor allem ist unter die Verletzung ein Schlussstrich zu ziehen. Nichts ist schlimmer, als wenn eine „Sünde" der Vergangenheit immer wieder vorgekramt und zur moralischen Erpressung missbraucht wird. Weil ein Mann in der Verlobungszeit vor dreißig Jahren(!) mit einem anderen Mädchen wild geknutscht hatte, machte ihm das seine Frau in meiner Sprechstunde bitter zum Vorwurf. Ich begriff den Sachverhalt zunächst gar nicht, weil ich von einem gegenwärtigen Flirt des Mannes ausgegangen war. Mir fiel die Kinnlade herunter, als ich entdecken musste, dass das „Verbrechen“ des Ehemannes sich zur Zeit von Willy Brandts Kanzlerschaft ereignet hatte, als der Streit um die Ostverträge tobte und das Handy noch nicht erfunden war. Fast hätte ich dem kreuzbraven Mann eine aktuelle Knutscherei mit einer anderen Frau gewünscht!

Wichtig kann beim Vergeben und Versöhnen eines Paares auch die *Wiedergutmachung* sein. Sie entspricht einem alten germanischen Rechtsinstitut. Sie übt wie das Schmerzensgeld beim Verkehrsunfall eine wohltätige Wirkung aus. Natürlich kann seelischer Schmerz nicht einfach materiell wieder gutgemacht werden, wohl aber symbolisch und durch die Demonstration des guten Willens.

Wie man wieder gutmacht? Ganz einfach: Den Partner fragen! Der weiß schon, was er möchte. Ein freies Wochenende. Die Übernahme des Putzdienstes. Den Wagen zur Reparatur bringen. Eine Einladung ins Kino, zum Essen, ins Theater. Gelegentlich habe ich bei der Versöhnung wegen einer Außenbeziehung angeregt, dass der „Schweinehund“ bzw. die „Schlampe“ dem anderen einen Urlaub – und nicht gerade in einer Jugendherberge im Schwarzwald! – finanzieren musste. Das tat dem Geldbeutel weh, gab eine sichtliche Kontobewegung und heilte erstaunlich gut die eheliche Wunde.

Dabei war und ist es notwendig, nach den endlosen Gesprächen über die näheren Umstände und Motive des Seitensprungs wie über die tiefe Kränkung, auch eine Vereinbarung zu treffen, nach der das Opfer das Thema endgültig aus der Diskussion nimmt. Sonst wird es wie die Monstranz bei der katholischen Fronleichnamsprozession alljährlich durch die Straßen getragen und öffentlich gemacht. Gerade, wenn ich *noch nicht* verzeihen kann, stehe ich in der Pflicht, genau zu benennen, was ich von meinem Partner als Wiedergutmachung erwarte.

Bei dem französischen Priester und Psychoanalytiker Jean Monbourquette habe ich in seinem Buch *Vergeben lernen in zwölf Schritten* eine Fabel gefunden, die mich trotz oder vielleicht wegen ihres religiösen Einschlags rührt. Ich will sie Dir, liebe Leserin, lieber Leser, nicht vorenthalten. Sie handelt von Alfred und Adele und lautet so:

Am Rande eines kleinen ruhigen Dorfes, das von Rentnern und einigen Händlern bewohnt wird, steht ein Bauernhof mit frisch gestrichenen Gebäuden. Er befindet sich inmitten vielfarbiger gerade angeordneter Felder und ist umgeben von sauber gezogenen Gräben. Dies ist der Hof Alfreds, eines stolzen, redlichen und wortkargen Mannes. Groß, mager, mit seinem spitzen Kinn und seiner Adlernase wird er von den Leuten ebenso sehr respektiert wie gefürchtet. Er ist nicht sehr gesprächig, doch wenn er spricht, dann, um Maximen über den Wert der Arbeit oder den

Ernst des Lebens zu verkündigen. Seine Frau Adele hat dagegen immer ein freundliches Lächeln und ein aufmunterndes Wort. Die Menschen fühlen sich in ihrer Gesellschaft wohl. Sie ist eine Frau voller Rundungen: ihr Gesicht, ihr Busen, ihr Po.

Adele leidet stillschweigend an ihrem mit Worten und Zärtlichkeiten geizenden Mann. In ihrem Herzen bereut sie es, diesen verbissenen Arbeiter geheiratet zu haben, den ihr verstorbener Vater bewunderte. Gewiss, Alfred ermöglicht ihr ein gutes Leben und ist treu, doch ganz von der Arbeit in Anspruch genommen wie er ist, gönnt er ihr nur wenig Zeit für Intimität und Genuss. Eines Tages entschließt sich Alfred, seinen Tag abzukürzen. Anstatt bis zum Einbruch der Dunkelheit zu arbeiten, kehrt er früher als erwartet nach Hause zurück. Zu seiner großen Erschütterung ertappt er Adele auf frischer Tat mit einem Nachbarn im Ehebett. Der Mann entflieht im Nu durch das Fenster, während Adele sich verstört Alfred zu Füßen wirft, um seine Vergebung zu erflehen. Er aber bleibt steif wie eine Statue: weiß vor Entrüstung, die Lippen blau gefärbt. In dem Augenblick, da er sich derart hintergangen sieht, gehen seine Gefühle von Erniedrigung über tiefen Schmerz bis zur Wut, es gelingt ihm kaum, die auf ihn einstürzenden Emotionen zu beherrschen. Er, der kein großer Redner ist, weiß nicht, was er sagen soll. Aber schnell wird ihm klar, dass das Schweigen für Adele eine größere Qual als jedes Wort oder jede Geste der Gewalt darstellt.

Man weiß nicht recht, wie die Affäre Adeles sich im Dorf herumgesprochen hat, doch die „Lästermäuler" sind nicht faul. Man sagt voraus, dass Alfred die Trennung verlangen wird. Doch dem Geschwätz zum Trotz erscheint Alfred beim sonntäglichen Hochamt mit erhobenem Haupt im Mittelgang in Begleitung von Adele, die hinter ihm hertrottet. Als vollkommener Christ scheint er das Gebot des Vaterunsers verstanden zu haben: „Vergib uns unsere Schuld, wie auch wir vergeben unseren Schuldigern". Doch der Ruhm der Vergebung Alfreds nährt sich insgeheim an der Scham Adeles.

Zu Hause schürt Alfred weiterhin das Feuer seiner Verbitterung mit Verschlossenheit und verstohlenen Blicken, die voller Verachtung für die Sünderin sind. Im Himmel jedoch lässt man sich nicht vom Anschein der Tugend täuschen. Man schickt daher einen Engel, um die Situation zu bereinigen. Jedes Mal, wenn Alfred seinen harten und finsteren Blick auf Adele wirft, lässt der Engel einen knopfgroßen Stein in das Herz Alfreds fallen. Alfred empfindet jedes Mal ein Stechen, dass ihn das Gesicht verziehen lässt. Sein Herz wird derart schwer, dass er gebeugt gehen und angestrengt den Hals recken muss, um besser nach vorne sehen zu können.

Eines Tages, als Alfred dabei ist, seinen Weizen zu ernten, sieht er, auf den Zaun gestützt, eine Lichtgestalt, die zu ihm sagt: „Alfred, du siehst ja sehr bedrückt aus." Überrascht, seinen Namen aus dem

Munde eines Fremden zu hören, fragt Alfred, wer er sei und was ihn das angehe. Der Engel sagt zu ihm: „Ja, ich weiß, dass deine Frau dich betrogen hat und dass diese Erniedrigung dich quält. Aber du übst eine durchtriebene Rache aus, die dich selbst deprimiert."

Alfred fühlt sich durchschaut, senkt den Kopf und gesteht: „Ich kann diesen verdammten Gedanken nicht aus dem Kopf bekommen; wie kann sie nur mich, einen solch treuen und großzügigen Ehemann betrügen? Sie ist eine Dirne; sie hat das Ehebett befleckt!" Bei diesen Worten verzieht Alfred das Gesicht vor Schmerz.

Da bietet ihm der Engel Hilfe an, doch Alfred ist überzeugt, dass ihm niemand seine Last abnehmen kann: „Wie mächtig du auch sein magst, Fremder, nie wirst du auslöschen können, was geschehen ist." „Du hast Recht, Alfred, niemand kann die Vergangenheit ändern, aber du hast die Möglichkeit, sie ab jetzt anders zu sehen. Gesteh dir deine Wunde ein, nimm deine Wut und Erniedrigung an. Und dann fang an, Adele ganz langsam anders zu betrachten. Ist sie allein schuld? Erinnere dich an dein Desinteresse ihr gegenüber. Versetze dich in ihre Lage. Du brauchst neue, magische Augen, um dein Unglück aus einem anderen Blickwinkel zu sehen."

Alfred begreift nicht wirklich, aber er schenkt dem Engel Vertrauen. Hat er mit dieser brennenden Last auf dem Herzen noch eine andere Wahl? Hilflos fragt er den Besucher, wie er seine Sichtweise verändern könne. Der Engel beginnt, ihm zu erklären: „Bevor du Adele ansiehst, entspanne deine Stirnfalten, die Falten um deinen Mund und deine anderen Gesichtsmuskeln. Anstatt in Adele eine böse Frau zu sehen, sieh die Ehefrau, die Zärtlichkeit braucht; erinnere dich daran, wie kalt und hart du sie behandelt hast; denk an ihre Großzügigkeit und ihre Herzlichkeit, die du am Anfang eurer Liebe so mochtest. Für jeden erneuerten Blick werde ich dir einen Stein vom Herzen nehmen."

Alfred geht auf den Handel ein, weist aber gleichzeitig auf seine unbeholfene Natur hin. Nach und nach, ganz langsam, doch nicht ohne bewusste Anstrengung, bemüht er sich, Adele mit neuen Augen zu betrachten. Sein Herzstechen lässt langsam nach. Adele scheint sich zusehends zu verwandeln: Aus einer untreuen Frau wird sie zu dem sanften und liebenden Menschen, den er im Frühling ihrer Liebe gekannt hatte. Adele selber empfindet die Veränderung. Erleichtert findet sie ihre gute Laune, ihr Lächeln und ihre runde Jovialität wieder.

Alfred seinerseits fühlt sich völlig verwandelt. Sein noch von den Steinen verwundetes Herz wird von tiefer Zärtlichkeit erfüllt. Das neue Gefühl, das ihn durchströmt, macht ihm noch Angst. Aber eines Abends nimmt er Adele unter Tränen in die Arme, ohne ein Wort. Das Wunder der Vergebung ist geschehen.

Vielleicht wäre noch hinzuzufügen, dass wir den Akt des Vergebens und Versöhnens mit einer Feier krönen sollten. Sekt genügt nicht – Champagner auf den Tisch! Wir haben wieder etwas gelernt.

Krise, sagt der Schriftsteller Max Frisch, *ist ein produktiver Zustand. Man muss ihr nur den Beigeschmack der Katastrophe nehmen.* Dabei können wir nicht nur von Alfred und Adele, sondern auch von den weisen Chinesen lernen. Sie haben ein und dasselbe Schriftzeichen für *Krise* und *Chance*. Dem ist nichts hinzuzufügen.

Das Pathos der Distanz

Das Erste, worauf ich einen Menschen prüfe: ob er Gefühl für Distanz hat.

Friedrich Nietzsche,
Umwertung aller Werte

Erich und Gisela waren ratlos. „Unsere Sexualität ist abgehauen!", meldeten sie mit unüberhörbarer Empörung in der Stimme. „Wir verstehen das nicht. Wir lieben uns doch. Wir haben keinen besonderen Stress, und wir sind vierundzwanzig Stunden täglich zusammen. An Gelegenheiten zum Liebemachen fehlte es uns nun wirklich nicht."

Was war geschehen? Körperlich waren beide gesund, wenn auch übergewichtig. Ihre Bemerkung „Wir sind vierundzwanzig Stunden täglich zusammen" machte mich allerdings etwas stutzig. Ich löcherte Gisela und Erich mit Fragen:

Was habt ihr für einen Beruf?
Wir sind beide Kartographen.
Wie arbeitet ihr?
Wir sind Freiberufler. Wir arbeiten zu Hause.

Hat jeder von euch sein eigenes Büro?
Nein. Das wäre ja völlig unsinnig. Wir arbeiten teilweise zusammen, teilweise allein, aber wir müssen uns viel austauschen. Also haben wir unsere beiden

JOHANN, BEGLEITEN SIE DIE FLIEGE AUS DEM GEMACH, WIR MÖCHTEN ALLEIN SEIN!
TM

Computer nebeneinander in einem Arbeitsraum aufgestellt.
Habt ihr Kinder?
Nein.
Warum nicht?
Wir sind uns genug. Wir lieben uns sehr. Ein Dritter würde nur stören.

Was sich noch im Verlauf der ersten Sitzung herausstellte, war, dass Gisela und Erich zu Hause plumpe und reizlose Trainingsanzüge trugen. Arbeit und Freizeit flossen ineinander. Sie waren, besonders in den Hochzeiten ihres Berufes, verbissene Arbeitstiere, die grundsätzlich sechs Tage in der Woche arbeiteten und manchmal noch am Sonntag eine, wie sie sagten, Halbschicht einlegten. Beide hatten keine Freunde; auch die Kontakte zu ihren beiden Herkunftsfamilien waren spärlich. Sie lebten wie unter einer Käseglocke, sozial fast luftdicht abgeschlossen. Die Folge war, dass Gisela und Erich sich insgeheim, was keiner zuzugeben wagte, langweilten. Sie waren einander bis zum Überdruss nahe. Ihre Sexualität „haute ab". Sexualität, wir sahen es bereits, verlangt nach dem Erregenden, Neuen, nach dem Fremden, dem frischen Wind, der verblüffenden Andersartigkeit des Partners. Sie heischt nach Begehren, Eroberung, Überwältigung. Die verdorrte Sexualität fungierte also, wie so oft, als ein Warnsignal. Sie entsprach der bedrohlichen emotionalen Versteppung ihrer Lebens- und Liebeslandschaft.

Um das Paar seine neurotische Abhängigkeit und symbiotische Verstrickung selbst spüren zu lassen, machte ich etwas, was Gestalttherapeuten in aller Welt gerne praktizieren – ich ließ Erich und Gisela eine Skulptur ihrer Wunschpartnerschaft bilden. Das heißt, jeder sollte sich und den Partner einmal wie ein Denkmal aufstellen, Füße, Hände und Kopf so positionieren, wie er sich den Traum von einer Partnerschaft vorstellte.

Das ist diagnostisch meist außerordentlich aufschlussreich. Oft stellen Partner verschiedene Konfigurationen auf. Sie können daran erstmals erkennen, wie stark sich ihre Beziehungswünsche von denen des Partners unterscheiden. Da stellt beispielsweise der Mann eine eng verschlungene Partnerschaftsskulptur auf, während die Frau sich und ihren Mann eher relativ weit auseinanderpositioniert, sodass sich nur noch die gegenseitigen Fingerspitzen berühren.

In unserem Fall war das genau entgegengesetzt. Erich und Gisela brauchten nicht lange nachzudenken. Beide verzichteten auf eine eigenständige Skulptursetzung, einigten sich in Blitzesschnelle auf eine Skulptur ihres Beziehungswunsches: Jeder vergrub sein Gesicht im Hals des anderen und presste und umschlang den Partner unauflöslich, wie mit den Tentakeln einer Krake. Es war ein anrührendes und doch hochproblematisches Bild. Ich fragte Erich und Gisela nämlich noch zusätzlich: „Habe ich das recht verstanden, wollt ihr *so* durch das Leben *gehen*?"

Ihr Ja war einmütig. Ich: „Dann geht so einmal durch den Raum!" Sie versuchten es und gerieten natürlich nach kaum drei Schritten ins Torkeln, stolperten und blieben stehen. Jetzt bekamen Erich und Gisela schlagartig eine Ahnung, was ihr Problem ausmachte: das Beengende ihrer Liebe, das Übermaß an Nähe.

Die Liebe ist, wie die französischen Troubadoure schon sangen, ein *Kind der Freiheit*. Wo wir miteinander verkleben, flüchten wir in eine trügerische Identität. Trügerisch, weil wir niemals gleich oder symmetrisch sein können. Wir versuchen, im Partner aufzugehen, sozusagen in seinen Mutterschoß zu flüchten, uns von der allmütterlichen Liebe des anderen zu nähren. Der andere wird uns zu einer Trutzburg mitten in einer feindlichen, bösen Welt. Wir geben uns dabei selbst auf. Wir verleugnen die Differenz zwischen ihm und uns. Gleichzeitig verfolgen wir damit, bewusst oder unbewusst, ein romantisches Ideal aggressionsloser, gleichschwebend harmonischer Liebe ohne Machtansprüche, Konflikte, Missverständnisse, Neid, Hass, Ekel und alle „negativen" Gefühle.

Wenn wir in der Erwachsenenliebe in eine derart infantile Bedürfnislage regredieren, also zurückkehren, dann agieren wir wiederum aus unserem unreifen *Kind-Ich*. Erik Berne, der Begründer der Transaktionsanalyse, hat diesen und die folgenden Begriffe geprägt. Das Kind in mir begibt sich, wenn ich die schweren seelischen Verletzungen der Kindheit nicht aufgearbeitet habe, auf die Suche nach einem Eltern-Ich, das mir die totale psychische Versorgtheit garantieren soll. Und das hoffe ich, im Partner zu finden.

Genauso verhielt es sich bei Erich und Gisela. Erich war das dritte und letzte Kind einer geschiedenen, allein erziehenden Mutter. Da der Vater keinen angemessenen Unterhalt leistete, arbeitete die Mutter bis zu vierzig Stunden wöchentlich in einem Geschäft. Die Kinder blieben in dieser Zeit sich selbst überlassen, die Verwandtschaft lebte in einer entfernten Region.

Der schüchterne Erich war ein Schattenkind. Er wurde wenig wahrgenommen. Er zog sich in ein seelisches Schneckenhaus zurück. Noch mit zehn Jahren war er ein Daumenlutscher und spielte am liebsten im Schlafzimmer seiner Mutter(!) mit Puppen. Er vermochte es unter diesen Umständen nicht, eine starke Männlichkeit, also seinen *animus*, auszubilden. Erich war aggressionsgehemmt. Er war ein Spätentwickler. Am Ende seines Studiums fand er in Gisela die erste Frau seines Lebens. In Erich, der ein liebenswerter und zarter Mann war, glühte eine unermessliche Sehnsucht nach Nähe und Wärme. So gesehen war es folgerichtig, dass seine Liebe zu einer Frau wenig auf Sexualität, dafür um so mehr auf mütterliche Versorgung und sanfte Zärtlichkeit zielte.

Bei Gisela war der Fall vom Szenario her gänzlich anders, aber in der Seelenstruktur wahlverwandt gelagert. Sie war schon als neunjähriges Mädchen die „Geschäftspartnerin" ihrer Eltern und die „kleine Mutter" für die drei jüngeren Geschwister. Da der Vater unter chronischem Asthma und unter Bluthochdruck litt, musste ihm Giselas Mutter in seinem Versicherungsgeschäft unter die Arme greifen, ihn sogar oft vertreten. Ohne die tüchtige kleine Gisela wäre nichts mehr im Haushalt gelaufen. Sie nahm sogar Geschäftsanrufe entgegen und handelte Termine mit den Anrufern aus. Sie bekochte mit zehn Jahren(!) werktags nach der Schule die sechsköpfige Familie, kaufte ein, überzog die Betten und flickte die Kleider ihrer Geschwister. Das machte Gisela zu einem tüchtigen und zähen Menschen, aber ihre Seele hungerte. Sie wurde um ihre Kindheit betrogen.

Gisela war ein ernster, stark religiös geprägter Mensch. „Da ich keine Kommunikation mit Gleichaltrigen hatte, verlegte ich mich auf die Gespräche mit Gott. Als andere in die Tanzstunde gingen, blieb ich zu Hause. Ich bat Gott, mir einen lieben Mann zu schicken. Ich wunderte mich, dass Gott so lange diesen meinen sehnlichsten Wunsch nicht erfüllte. Ich selbst rührte keinen Finger dazu. Im Studium saß ich Abend für Abend über den Lehrbüchern. Ich besuchte gelegentlich in einer freikirchlichen Gemeinde Bibelstunden und hielt mich vom männlichen Geschlecht fern. Langsam gab ich die Hoffnung auf, dass ich je überhaupt noch einen Mann finden würde."

Dann lernten sich Gisela und Erich in einem Seminar kennen – zwei verlorene Kinder, wie Hänsel und Gretel, fanden sich. Sie waren so einfühlsam miteinander. Sie gaben sich alle Liebe, die sie hatten und hegten die Illusion, sich gegenseitig die Wünsche ihrer Kindheit in liebendem Gehaltenwerden zu erfüllen.

Wer möchte es Erich und Gisela verdenken, dass jeder vom anderen erwartete, er könne die eigene *Wunde des Ungeliebten* heilen. Dabei waren die beiden ausgehungerten „Kinder" unersättlich in ihren Bedürfnissen. Der Partner konnte seine Liebe Tag und Nacht ausschütten. Es war, als ob er sie in ein Fass ohne Boden kippen würde. Gisela und Erich blieben hungrig.

Tief unten machte sich in beiden Enttäuschung, Frustration, Wut und Trauer breit. Erich: „Ich verstand in den letzten beiden Jahren nicht, warum ich immer wieder in wochenlange Phasen der Depression geriet. Gisela war doch so liebevoll um mich, den ganzen Tag. Der Beruf ernährt uns gut. Die Wohnung ist schön. Wir haben Rücklagen und müssen so schnell keine Existenzangst haben. In mir nagte ständig ein Gefühl: ‚Ich bin nichts wert. Keiner liebt mich. Wozu die ganze Strampelei?'"

Gisela wiederum fragte sich, wie sie in der Paartherapie verriet, immer wieder, ohne dass sie das je Erich mitgeteilt hätte: „Warum arbeite ich eigentlich rund um die Uhr? Warum ziehe ich mich so selten hübsch an? Warum habe ich keine Freundinnen? Warum sehe ich immer schwarz und kritisiere an allem herum? Warum habe ich keine Lebensfreude?" Es ging beiden nicht gut, sie saßen in der Falle. Sie hatten sich in einen weichen, aber erstickenden Kokon eingesponnen und stagnierten nun, statt ihre Beziehung weiterzuentwickeln. Trotz der übergroßen Nähe fühlte sich jeder von beiden plötzlich einsam und unverstanden.

Warum konnte so keine Erlösung von ihrem frühen Leid stattfinden? Weil wir für unsere eigene Befreiung selbst verantwortlich ist. Jeder von uns muss Kontakt mit dem *inneren Kind* aufnehmen und lernen, es zu verstehen, es zu bemuttern, es zu bevatern. Das kann der Partner beim besten Willen nicht leisten. Wenn wir das zu ahnen beginnen, dann treten wir, wie wir bereits früher sahen, in die Phase der *Ent-Täuschung* ein. Wir geben dem anderen zu verstehen: *Ich kann dich nicht erlösen. Ich bin nicht dein Eltern-Ich*. Ich setze dem Partner das konstruktive *Nein in der Liebe* entgegen. Beide rücken ein Stück auseinander. Beide beginnen ihr reifes

Erwachsenen-Ich zu entwickeln. Das ist zunächst einmal schmerzlich, neu, angstmachend. Letztlich ist es befreiend. Das Paar erkennt: Wir sind nicht *eine* Skulptur, sondern wir sind *zwei* Persönlichkeiten.

Jetzt tritt das ein, was Nietzsche als das *Pathos der Distanz* rühmt – die Entdeckung der Fremdheit, der Freiräume. Im Fall von Erich und Gisela war es wichtig, die *psychologische Trennung* des Paares gleichsam wie eine Entbindung vorzunehmen. Als Erstes schufen sie sich zwei getrennte Arbeitszimmer. Dann gaben sie den Einheitslook und die Vernachlässigung ihrer Kleidung auf. In einem längeren Prozess gewannen sie die Neigung gemeinsamer Freunde und lernten, mit diesen lustvolle Kontakte zu pflegen. Das brachte frischen Wind in ihre Beziehung, übrigens auch Differenzen und Konflikte. Denn jetzt, im Gespräch mit Freunden, wurde jeder von ihnen in seinen Eigenheiten widergespiegelt, gelobt und auch kritisiert. Ihre Unterschiede traten deutlicher hervor. Das war aufregend, aber gelegentlich auch nervenaufreibend.

Aufregend wurde es, als Gisela, die in der Entwicklung meist eine Pferdelänge voraus war, eine neue Freundin gewann, sich plötzlich schicke Klamotten anzog, schminkte und sich einen flotten Weiberjargon zulegte. Das gefiel Erich zunächst. Als sie aber mit der Freundin Discos besuchte und, man denke, erst um zwei Uhr nachts und angeheitert nach

Hause zurückkehrte, wurde Erich eifersüchtig. Er begehrte auf, nur richtete er seine Wut leider auf den falschen Punkt. Er versuchte nämlich, Gisela das Tanzvergnügen zu verbieten, war seinerseits aber nicht bereit, gemeinsam mit ihr auszugehen. Das ging schief. Gisela wehrte sich und ging noch mehr auf Tour.

Nun geschah etwas Unerwartetes: Erich, der brave Kartograph, wurde wild wie ein Stier. Seine sexuellen Gelüste feierten eine machtvolle Auferstehung. Er begehrte Gisela wieder. Er bedrängte sie – sie gab sich lustvoll hin. Darauf hatte sie unbewusst seit Jahr und Tag gewartet. Sie waren nicht mehr länger Bruder und Schwester und auch keine verhungerten Kinder mehr, sie waren Mann und Frau!

Später „revanchierte" sich Erich. Er freundete sich mit einem fröhlichen Berufskollegen an. Er fuhr, zum ersten Mal in seinem Leben, mit einem Freund gemeinsam in den Urlaub – ans Rote Meer zu einem Tauchkurs. Das hatte Gisela niemals mit ihm machen wollen. Früher hätte Erich gekuscht und seine Tauchambitionen auf dem Altar der Gemeinsamkeit geopfert. Jetzt erlebte er sich als Taucher und „Held". Sie fühlte sich als rassige „Carmen" auf dem Tanzparkett. Ein neuer Abschnitt ihrer Liebesbeziehung begann.

Erich und Gisela lernten, sozusagen Fußschritt um Fußschritt, das Klammern zu lassen. Sie empfanden es auch als lustvoll, des anderen nicht mehr so sicher zu sein und etwas Angst um ihn zu haben. Carmen, pardon Gisela, spürte die bewundernden Blicke der Männer. Erich, der sich übrigens jetzt „Erik“ nennen ließ, fühlte sich in seiner Taucherkarriere wie Melvilles' Captain Ahab auf der Jagd nach dem weißen Wal! Erich und Gisela fanden ihr Zentrum in sich selbst, nicht länger im anderen. Sie hielten es mit ihrem neuen Lieblingsgedicht von Khalil Gibran *Über die Ehe*:

Und steht beieinander,
doch nicht zu nahe beieinander:
Denn die Säulen des Tempels stehen einzeln,
und Eichbaum und Zypresse wachsen nicht
im gegenseitigen Schatten.

Viele Ehen und Langzeitbeziehungen gehen auseinander, weil sich die Partner auseinander dividiert und in einer negativen Distanz aus den Augen verloren haben. Andere Beziehungen ersticken an der Langeweile und Sauerstoffarmut ihrer besitzergreifenden, kontrollierenden Nähe und mangelnden Distanz. Zur notwendigen Distanz sollte auch, wenn es die Raumverhältnisse zulassen, zählen, dass Frau und Mann über ein eigenes Zimmer verfügen. Ich habe dieses Problem in meinem Buch *Frei-Raum. Ein Zimmer für mich allein* ausführlich behandelt. Ich möchte ausnahmsweise einen Passus daraus zitieren: *Der Eigenraum, den ich mir als Frau oder als Mann schaffe, ist zugleich auch der Tempel meiner Götter, meiner Überzeugungen, meiner Leidenschaften. Es ist, physisch und psychisch ein heiliger Raum. Das Zimmer für mich offenbart ein Stück Innenansicht meiner Seele. Welch ein Abenteuer ist es, wenn Frau und Mann sich, gestützt auf die reiche Innerlichkeit ihres Eigenraumes, stolz und mit der geheimnisvollen Aura ihrer letztlich unauslotbaren Wesenheit begegnen, beieinander verweilen und sich wieder zurückzuziehen vermögen. Das sind immer wiederkehrende Sternstunden für Geist und Körper.*

Nicht immer verhält es sich bei Paaren so wie bei Erich und Gisela, dass nämlich beide den Pol der Nähe besetzen und damit überbesetzen. Viel häufiger ist es, dass der Mann das „Ressort" Distanz, Autonomie, Unabhängigkeit innehat, die Frau dagegen den Bereich Nähe, Einfühlung, Fürsorge. Dieses Ungleichgewicht wird dann leicht zu einem Teufelskreis: Je mehr die Frau emotionale Dienstleistungen der Nähe einbringt – Frauen sind Expertinnen der Nähearbeit –, desto stärker entflieht der Mann psychisch und pocht auf Distanz. Je weiter er sich distanziert, desto mehr umkreist ihn die beziehungsorientierte Frau wie die Biene den Honigtopf.

Frauen sollten in solchen Situationen auch einmal den Mut haben, ihre unentwegte Nähearbeit einzustellen, in Distanz, Verweigern des Blickkontakts und Einsilbigkeit gehen, Umarmungen, Berührungen und Streicheln unterlassen und dem „Kühlschrank-Mann" selbst Polarluft entgegenblasen. Wenn die Frau diese verhängnisvolle Kollusion, das verborgene Zusammenspiel von männlicher Beziehungsverweigerung und krankenschwesternhafter weiblicher Intensivpflege, endlich aufgibt, dann wird der Mann, wenn er denn kein rettungsloser Fall ist, aus seiner Position der Distanz *herausmüssen*, weil er sonst selbst seelisch erfriert. Sowohl die Nähe als auch die Distanz sind Aufgaben beider Partner. Sie dürfen nicht einseitig an den anderen delegiert werden.

Was ich zur Ehrenrettung der hölzernen Gattung Mann, zu der ich ja selbst gehöre, bemerken möchte, ist, dass Männer auch oft im positiven Sinn des Wortes Virtuosen der Distanz sind. Das heißt sie haben in der Regel weniger Angst vor dem Alleinsein. Sie klammern nicht. Sie sind spannend und selbstständig in ihren Lebensentwürfen und in ihrer Werkhingabe.

Männer dürfen die Wonne der Nähe, Frauen die Wonnen der Distanz entdecken. Mir hat immer imponiert, wie das alt gewordene Ehepaar Albertz seinen Lebensabend organisierte. Er war seinerzeit Regierender Bürgermeister von Berlin und ein wortmächtiger Theologe gewesen, bekannt weit über Deutschland hinaus. Im Alter zogen beide in ein Seniorenheim in Bremen. Frau Albertz legte Wert darauf, dass sie kein gemeinsames Appartement bezogen, sondern zwei getrennte. Sie wollte weder in gewohnter Frauenrolle die putzende Dienstmagd ihres Mannes sein, noch bei Besuchen von prominenten Kollegen und Journalisten die Kekse anbietende, unauffällige Ehefrau spielen. Wichtig war ihr, dass jeder, wenn er den anderen besuchte, als Gast empfangen wurde. Die couragierten Albertz hielten sich an das berühmte Wort Friedrich Nietzsches (in *Menschliches, Allzumenschliches*): *Gute Ehen wären häufiger, wenn die Ehegatten nicht immer beisammen wären.*

In der Distanz achten und ehren wir die Aura des Partners, seine letztliche Unerreichbarkeit und die Würde seiner Fremdheit. Reiner Maria Rilke hat dies mit den schönen Worten ausgedrückt: *Das Bewusstsein vorausgesetzt, dass auch zwischen den nächsten Menschen unendliche Fernen bestehen bleiben, kann ihnen ein wundervolles Nebeneinanderwohnen erwachsen, wenn es ihnen gelingt, die Weite zwischen sich zu lieben, die ihnen die Möglichkeit gibt, einander immer in ganzer Gestalt und vor einem großen Himmel zu sehen.*

Achtung und Ebenbürtigkeit

Nehmen Sie der Liebe die Achtung,
so ist sie nicht mehr.

Jean-Jaques Rousseau,
Julie oder Die neue Heloise

Es ist ja fast schon ein Allgemeinplatz: Wo die Achtung in der Liebe verloren geht, stirbt die Beziehung. Und doch ist es immer wieder erstaunlich, wie lange Menschen in der Beziehung Missachtung und Nichtakzeptanz aushalten, bis an die Grenze ihrer Selbstaufgabe. Achtung und Ebenbürtigkeit sind Grundvoraussetzung einer gesunden Beziehung, aber sie sind keine Selbstverständlichkeit. Oft ist die Abwertung subtil, unauffällig und für Außenstehende kaum wahrnehmbar, weil der unterlegene Partner alles tut, seine beschämende Position zu verbergen. Ich erinnere mich an eine Klientin, die klagte: „Ich geh schon gar nicht mehr mit meinem Mann auf Einladungen, weil er mich ja dort nur fertig macht. Ich kann mich einfach nicht wehren."

Dabei dreht es sich gar nicht immer nur um Bösartigkeiten und willentlich zugefügte Verletzungen. Mann und Frau sind in der Beziehung oft nicht ebenbürtig. Sie müssen vielmehr darum kämpfen. Das ist mir bei einem alten Paar schlagartig aufgegangen. Hilde und Andreas waren bereits beide im Rentenalter, als sie auf Drängen von Andreas zu mir kamen.

WIR TEILEN UNS DEN HAUSHALT. SIE KOCHT, ICH ESSE.

Er kam sich in ihrer Ehe „ungleichwertig“ vor, wie er klagte. Seine Frau fügte allerdings mit einem wissenden Lächeln hinzu: „Andreas führt sich ja auch auf wie der umtriebige, bornierte Vorruheständler in Loriots Filmkomödie *Papa ante portas*.“

Im Laufe der Kurztherapie machten wir unter anderem eine so genannte Fotoarbeit. Wir schauten uns Fotos aus der langen Biografie des Paares an. Das klingt vielleicht etwas läppisch. Tatsächlich entdeckt das geschulte Auge in solchen Bildmomenten viele Beziehungscharakteristika, vor allem die Wandlungen des Paares über eine lange Zeit hinweg. Du, liebe Leserin, lieber Leser, wirst das selbst schon entdeckt haben, wenn du in einer Mischung aus Rührung und Verlegenheit Freunden eure Fotoalben vorführst. „Mein Gott“, sagt man da, „was waren wir noch für Kinder, als wir heirateten. Du mit deiner süßen Beatlemähne, ich mit meinem toupierten Haarschopf oder dem Girlie-Look!“

Nicht anders verhielt es sich auch bei Andreas und Hilde. Ein Foto des jungen Paares verblüffte mich. Da saß Hilde selbstbewusst, in einem eleganten weißen Kostüm, am Steuer eines Sportwagens und Andreas etwas linkisch in Jeans und billigem T-Shirt daneben. Ich fragte Hilde nach der Stimmungslage dieser Jahre. Hilde berichtete: „Da ging es mir prima. Ich war stolz auf mich. Andreas war noch im Lehramtsstudium. Eigentlich war er ein armer Student. Er kam aus kleinen Verhältnissen. Meine

Eltern sind wohlhabend. Sie schenkten mir auch diesen teuren Wagen zur Hochzeit. Sie kauften uns eine Eigentumswohnung. Ich arbeitete als gelernte Architektin im Architekturbüro meines Vaters. Ich bekam ein gutes Gehalt und finanzierte unseren Haushalt."

Als junge Ehefrau war, so ergab die Sitzung, Hilde das „Alphatier" in der Beziehung. Sie war ihrem vier Jahre jüngeren Mann finanziell, beruflich und in ihrem „Savoir vivre" meilenweit voraus. Andreas war eindeutig in der unterlegenen Situation. Er erinnerte sich: „Einerseits war ich unsterblich in Hilde verliebt. Die Männer haben sich nach ihr umgedreht. Sie war ein Topgirl, wie aus einer Modezeitschrift ausgeschnitten. Sie kam aus einem erstklassigen Haus und brachte Manieren mit, von denen ich keine Ahnung hatte. Ich wusste doch nicht einmal, mit welchem Besteck man bei einem Festdiner beginnt. Einen Frack schenkte mir mein Schwiegervater zur Hochzeit. Meine Schwiegermutter, die ich sehr liebte und die meine Nöte kannte und diskret beseitigte, führte mich im Laufe der Jahre in die Kunst ein, mich geschmackvoll zu kleiden und einen gewissen Lebensstil zu entwickeln.

Dass Hilde mein Leben finanzierte, hat mir schwer zu schaffen gemacht. Manchmal bin ich dann auch aggressiv geworden, wenn sie zum Beispiel mit nonchalanter Gebärde die Rechnung für uns bezahlte und dem Kellner ein saftiges Trinkgeld gab. Ich fühlte mich ausgehalten wie ein ‚Mann für gewisse Stunden'. Diese unterschwellige Gereiztheit, mitten in unserem Glück, hat manchmal dazu geführt, dass ich grundlos einen Streit vom Zaun brach oder mich Hilde sexuell verweigerte. Heute denke ich, ich wollte ihr damit wenigstens ein bisschen von meiner männlichen Macht beweisen. Sie war dann immer fürchterlich gekränkt und verstand die Welt nicht mehr."

Ein weiteres Foto zeigte Andreas und Hilde jenseits der Lebensmitte, so um die siebenundvierzig Jahre, in einer völlig anderen Paarstruktur: Andreas, im tadellosen Anzug, am Mikrofon einer überfüllten Schulaula, mittlerweile Direktor eines Gymnasiums. Mit souveräner Gestik und wohl auch geschliffener Rhetorik verabschiedete er die Abiturienten des Jahrgangs. Er sah blendend aus. Andreas hatte eine Aura von Autorität, Kultur und diplomatischer Gewandtheit um sich. Zu seinen Füßen(!) war, in der ersten Reihe, Hilde zu entdecken. Sie war, nach Art mancher Menschen, etwas vorzeitig gealtert. Aus der schlanken Schönheit war eine etwas in die Breite gegangene Matrone geworden. Sie trug eine Brille und hatte ein angestrengtes Gesicht, das etwas wie Enttäuschung und leichte Resignation widerspiegelte.

Ich fragte Hilde, wie sie die Situation erlebt habe. „Es ging mir in diesen Jahren wirklich nicht so gut. Ich habe das erst später richtig erkannt. Meine Situation hatte sich radikal geändert. Nach der Geburt des zweiten Kindes hörte ich auf, in meinem Beruf zu arbeiten. Wir beide wollten Kinder, und wir bekamen vier Stück. Unser jüngstes Kind, ein Mädchen, ist körperlich behindert. Es hat lange gedauert, bis sie laufen lernte, sich anziehen konnte und das Fahren auf einem Dreirad beherrschte. Diese Jüngste, die gleichzeitig unser großes Glück ist, hat bis zum Abitur – das sie befriedigend geschafft hat! – sehr, sehr viel Zuwendung von mir gebraucht. Ständig musste ich sie zur Spezialgymnastik, zum Schwimmen und zum Behindertensport fahren, ihr Mut machen und ihr Selbstbewusstsein stärken. Dabei sind die drei Älteren sicher oft zu kurz gekommen. Ich habe meine ganze Kraft in die Betreuung unserer Kinder gesteckt und gleichzeitig noch Andreas den Rücken freigehalten. Er ist ein glänzender Pädagoge, er machte eine wohlverdiente Karriere, an der ich mich freute. Aber mein eigenes Leben kam dabei zu kurz. Ich hätte nicht gedacht, wie sehr mich der Ausstieg aus meinem Beruf innerlich schwächte. Ich kam mir als Nur-Hausfrau und Mutter wie ein Dummchen vor. Leider habe ich auch meine beiden wichtigsten Hobbys, Bratsche und Chorgesang, vernachlässigt. Auch da kam ich mir langsam wie eine Stümperin vor. Ich war zur ‚Frau von' jemandem, zum Anhängsel des Direktors geworden."

Wieder gab es keine Ebenbürtigkeit. Hinter dem „Riesen" Andreas, dem Direktor, Dr. phil., Mitglied in vielen Arbeitskreisen wie im Stadtrat seiner

Kommune, verschwand die „Zwergin“ Hilde. Natürlich hatten beide, vor allem mit den Kindern, produktive und erfüllte Jahre miteinander. Sie besuchten Theater und Konzerte, lasen viele Bücher und stimulierten sich geistig immer wieder neu. Beide sind ein witziges, schlagfertiges Paar, voller Sarkasmus, liberal bis in die Knochen, reisefreudig und voller Neugierde. Es wäre völlig unangemessen, hier ein Elendsbild zu malen.

Trotzdem entstand ein sehr typisches eheliches Ungleichgewicht auf Kosten der Frau. Hilde reagierte darauf, wie viele Frauen, mit einer Essstörung. Sie kompensierte ihr Unbefriedigtsein mit Essen und ging in die Breite. Man weiß es ja aus der Suchttherapie: Männer neigen zu „harten“ Drogen wie Alkohol und Nikotin, Frauen zu den „sanften“ wie dem Essen. Immerhin bewegen sich Frauen diesbezüglich ja auch in einem hochgefährlichen Drogenmilieu: der Küche.

Hilde und Andreas durchliefen, und auch das ist normal, diese Prozesse des Machtverlustes und des Machtgewinns eher unbewusst. Sie ergaben sich aus der Situation. Es war kein böser Wille dabei im Spiel. Die junge, erfolgsverwöhnte Hilde vermochte nicht in die Seele ihres Mannes zu blicken, der unter seiner ökonomisch und gesellschaftlich schwachen Position litt. Sie finanzierte ihn ja gerne und investierte sozusagen in eine sichere und gemeinsame Zukunft des sozialen Aufstiegs.

Umgekehrt rackerte sich der Andreas der Lebensmitte mit Lust für seine Frau und die vier Kinder ab und finanzierte ihnen nunmehr ein Ambiente des Wohlstands und der hohen Kultur. Beide Partner waren ja zu nichts gezwungen worden. Beide hatten sich für vier Wunschkinder entschlossen und sich klar für die neue Arbeitsteilung – er im Beruf draußen, sie im Haushaltsberuf drinnen – entschieden. Auch Andreas vermochte nicht in die Seele von Hilde zu schauen und zu sehen, dass ihr diese Vereinbarung und der Verzicht auf eigene Interessen schwer wurde. „Ich ahnte gar nicht, dass es Hilde innerlich oft dreckig ging. Sie war so unglaublich tüchtig. Sie führte wie ein Kapitän unser Familienunternehmen. Sie hat sich nie beklagt."

Die Fotos rundeten sich zu einer Trilogie. Auf dem dritten Foto sah man das alte Paar bei einem Konzert: Hilde siebzig, Andreas sechsundsechzig. Hilde, wieder schlank geworden, sportlich und straff, eher jugendlich in ihrer Statur und vitalen Spannung. Sie spielte Bratsche in einem Quintett. Sie sah schön aus, kreativ und konzentriert. Wiederum in der ersten Reihe saß, deutlich gealtert, Andreas, etwas pummelig geworden und mit einer leicht greisenhaften, schlaffen Attitüde. Bei dem Konzert handelte es sich um einen Ausflug in die französische Partnerkommune. Hilde agierte, Andreas war Zuschauer.

Wie es ihm mit diesem Bild ginge, fragte ich ihn. Andreas machte zunächst einige nichts sagende

Bemerkungen. Als ich insistierte, kam Trauer in seine Züge. Er sagte: „Wenn ich das Bild genauer anschaue, sehe ich es als Symbol für unsere gegenwärtige Situation. Hilde ist außerordentlich aktiv. Seit unsere Kinder das Haus verlassen haben, singt sie wieder im Chor. Sie hat bei einem Meister noch einmal Geigenstunden genommen und geht mit ihrem Quintett auf regelrechte Tourneen. Den Haushalt macht sie mit der linken Hand. Sie hat eine Putzfrau engagiert, gibt die meiste Wäsche außer Haus und macht alle möglichen Fortbildungskurse, möglichst weit weg. Im Sommer dieses Jahres will sie auf Elba den ersten Segelschein machen und später sogar das Hochseesegeln erlernen. Ich komme da nicht richtig mit. Manchmal denke ich, ich bin ein Stein an ihrem Bein."

Genau das bestätigte auch Hilde: „Andreas ist seit zwei Jahren in Pension. Ach, was haben wir uns auf diese Zeit gefreut! Stattdessen ist er in eine Krise gerutscht. Er hat nämlich, gleichzeitig mit seinem ehrenvollen Abschied aus der Schule, auf einen Schlag alle ehrenamtlichen Tätigkeiten beendet. Er sagte, er wolle einmal in seinem Leben völlig frei sein. Doch er verkraftet offensichtlich diese Freiheit nicht. Er fühlt sich entwertet und nutzlos.

Dieser fleißige Mann, dessen Arbeitstage früher auf Minuten durchstrukturiert waren, kann heute einen einfachen Tagesablauf nicht angemessen organisieren. Er schläft bis in den späten Vormittag hinein, verbummelt sich am Frühstück, und ehe er so richtig auf Touren kommt, ist der Tag schon wieder vorbei. Er sieht zu viel fern. Er trinkt regelmäßig, jeden Abend, keine Unmengen, aber doch zu viel. Mir scheint, er will sich in seiner Einsamkeit damit betäuben. Er hat es versäumt, sich ein Netz von Freunden zu schaffen, wie ich das habe. Es ist, als ob alle Energie aus ihm geflossen wäre. Er macht mir einen depressiven Eindruck.

Dann wieder überrascht er mich mit völlig wahnwitzigen Aktivitäten. Er schlägt vor, regelmäßig zu kochen. Das kann er aber nicht. Dann sieht meine Küche aus wie ein einziger Saustall. Außerdem kauft er Mengen ein, dass man damit ein Bundeswehrbataillon füttern könnte. Bei Sonderangeboten kann er nicht widerstehen und karrt Riesenmengen an. Wir mussten schon einen zusätzlichen Gefrierschrank kaufen, weil er neulich sage und schreibe sechzig tiefgefrorene Pizzen anschleppte. Sie seien so billig gewesen, meinte er." Fürwahr, *papa ante portas*!

Wieder einmal war das Gleichgewicht gekippt und damit die Ebenbürtigkeit des Paares gefährdet. Andreas stand unter dem klassischen männlichen Pensionsschock. Wo war seine Autonomie geblieben? Er musste seinen Sinn des Lebens neu entdecken. Natürlich klammerte er sich an seine Frau. Sie ging daraufhin prompt auf Distanz.

Es wurde zu einer der schönsten Seelenarbeiten mit einem alten Paar, die ich je erlebt habe. Denn beide waren hochintelligent, guten Willens und liebten sich mit all der Fülle, die alte Paare oft besitzen. Das Wichtigste war und ist in einer solchen Situation, dass ein Paar seine selbst gemachte Krise begreift. Und das taten Andreas und Hilde.

Andreas nahm einen naturwissenschaftlichen Lehrauftrag an einer Fachhochschule an. Im Kontakt mit den jungen Studentinnen und Studenten blühte er wieder auf. Er stand morgens wieder gewohnt früh auf. Er veröffentlichte eine Reihe pädagogischer und geisteswissenschaftlicher Aufsätze in Fachorganen. Er besuchte Kongresse und frischte kollegiale Beziehungen auf. Andreas trat in eine Sektion des Deutschen Alpenvereins ein und entdeckte seine alte Freude am Bergwandern wieder. Das Segeln hasste er wie die Pest: „Bei dem Geschlingere wird mir kotzübel. Ich brauche festen Boden unter den Füßen und Höhenluft in der Nase." Jetzt erreichte das Paar eine wirkliche Ebenbürtigkeit und Balance in der Attraktivität. Beide bekamen wieder Respekt voreinander.

Unterlegene Partner versuchen meist, sich dem anderen anzupassen. Sie machen sich klein. Das tut ihnen nicht gut. Umgekehrt mag der solcherart überlegen gewordene Partner eine Zeit lang seine souveräne Position als Gewinn genießen. Dann aber verliert er, bewusst oder unbewusst, die Achtung vor dem Unterlegenen. Das destruktive Gift der Abwertung schleicht sich in die Beziehung ein. Der eine kritisiert, der andere jammert. Der eine gibt nur, der andere nimmt.

Hier ist es wichtig, dass in der Partnerschaft jeder zunächst einmal sein eigenes Selbstwertgefühl stärkt und kompensiert. Er muss offen mit seinem Partner über das eheliche Ungleichgewicht sprechen und sein Inneres öffnen. Schließlich ist auch der Partner gefordert, die Schwächen des anderen zu begreifen und das Selbstwertgefühl des anderen zu stärken. Wir sind in der Ehe und in Langzeitbeziehungen so schrecklich maulfaul. Manchmal sind wir sogar zu herzensträge, um konstruktiv miteinander zu streiten. Daher sind die klare Auseinandersetzung und die Konfrontation in der Paarevolution so wichtig. Goethe sagt: *Im Ehestande muss man manchmal streiten, denn dann erfährt man etwas voneinander.*

Eines der wichtigsten Erfordernisse in der Beziehung ist es aber, dem anderen *Komplimente* zu machen. Meine Frau und ich sind selbst ein altes Paar, jenseits der sechzig. Es vergeht kaum ein Tag, an dem sie mich nicht lobt und ich nicht ihre Fähigkeiten rühme. Diese Bereitschaft zur warmen Resonanz und gewährendem Wohlwollen lässt uns unsere Ebenbürtigkeit achten, spüren und genießen. Ich danke dir, Ilse.

Klippen und Wonnen der alten Liebe

Man muss
den Mantel konkreter Tätigkeit im
Alter dichter um die Schultern ziehen,
um bei herandringender Weltraumkälte
bestehen zu können.

Heimito von Doderer

Die Zahl der alten Paare in Deutschland wächst unaufhörlich. Wir sprechen schon von einer Vergreisung der Gesellschaft. Dabei muss man natürlich, um genau zu sein, zwischen den „jungen Alten“ und den „alten Alten“ unterscheiden. Ich möchte mich in diesem Schlusskapitel im Wesentlichen auf die „jungen Alten“ konzentrieren, die sich heute, stärker als je zuvor, Hilfe in Paartherapien, Paarseminaren und bei Vorträgen holen. Ich bin immer wieder erstaunt, wie viele Paare im Rentenalter Vorträge zur Beziehungsproblematik besuchen.

Die Altersphase ist heute nicht mehr, wie vor hundert Jahren, ein rasches Finale, sondern ein zwei bis drei Jahrzehnte währendes Rondo, das noch einmal die großen Themen des Lebens zusammenfasst, verdichtet und abschließt. Die Zahl der Scheidungen ist auch in diesem Lebenszyklus gestiegen. Warum auch bei den grau- und weißhaarig gewordenen

DU BIST DIE REINSTE KATASTROPHE, ABER OHNE DICH WÜRDE ICH STERBEN VOR LANGEWEILE

Frauen und Männern die Trennungsrate nach oben geschnellt ist, versteht sich nach allem, was wir über die Liebesarbeit gehört haben, von selbst: Gerade im letzten großen, auf Erfüllung hin angelegten Lebensabschnitt wollen viele Frauen und Männer nicht auf die Liebe verzichten. Sie sind ökonomisch, bildungsmäßig und gesellschaftlich unabhängig wie nie zuvor in der deutschen Sozialgeschichte. Dem Alter entsprechend sind sie illusionsloser, nüchterner und klarer geworden. Sie sind meist weniger erpressbar. Der Kinderaufgabe ledig spüren vor allem die Frauen den Wind der Freiheit und Selbstbestimmtheit. Frauen sind von Kindesbeinen an viel intensiver als Männer auf einen Reichtum der Gefühle hin orientiert. Sie halten es gewissermaßen mit Wilhelm Busch: *Die Summe unseres Lebens sind die Stunden, in denen wir liebten.*

Daher sind auch Frauen jenseits der Pensionsgrenze oft nicht mehr bereit, die alte Lieblosigkeit in der Beziehung weiter zu ertragen und in einer Versorgungsehe zu verharren. Sie rebellieren in ihrer Altersehe, schmeißen im Ernstfall sogar die Brocken hin und bauen sich ein spannendes neues Leben mit kreativen Aktivitäten und Freundschaften auf. Der starr gewordene Mann, der seine Frau wie ein Möbelstück zu besitzen wähnt, sieht dann im Wortsinne alt aus.

Der Übergang in das berufs- und kinderfreie Alter geht nicht an gefährlichen Klippen vorbei. Wir haben das gerade bei Andreas und Hilde gesehen. Oft markiert dieser Übergang vor allem für Männer eine Krise. Der Mann ist arbeitswütig und häufig „mit dem Beruf verheiratet". Das ist alles andere als lustig. Denn wenn ihm im so genannten Altersruhestand diese Lebensaufgabe wie ein Stuhl unter dem Hintern weggezogen wird, so ist er über Nacht arbeitslos und ziellos. Er weiß nichts mit sich und der Zeit anzufangen. Er hat seinen Lebenssinn verloren.

Zugleich fehlen dem Paar die vertrauten Projekte, die früher Gemeinsamkeit gestiftet haben: Der Bau des Hauses. Die Anlage des Gartens. Das Abtragen der Hypotheken. Die Kinder. Und nun auch noch das berufliche Engagement und die Gespräche darüber – alles ist plötzlich Vergangenheit. Oft hat das Paar oder einer von beiden sich auf diese neue Lebensphase, die von keinen äußeren Aufgaben geprägt und strukturiert ist, nicht vorbereitet.

Manchmal frage ich Männer zwischen fünfzig und sechzig, die zur Arbeitssucht neigen und sich selbst vernachlässigen, wie sie sich ihre Zeit als Rentner vorstellen. Sie antworten meist: „Dann habe ich viel Zeit zum Lesen und für Freunde." Ich bin da skeptisch. Wer seit Jahrzehnten keinen Roman, kein Gedicht, kein Feuilleton einer überregionalen Tageszeitung und keine Sachbücher gelesen hat, dem werden mit sechzig nicht Bildung, Wortschatz und geistige Konzentration am Frühstückstisch zufliegen. Wer sich ein Leben lang nicht um Beziehungen gekümmert, Freundschaften nicht gepflegt hat und desinteressiert an anderen Menschen war, der verwandelt sich nicht im Handumdrehen zu einem zugewandten und liebenswürdigen Kontaktmenschen. Andreas bekannte am Ende der Therapie: „Ich bin doch ein intelligenter Mann. Ich hätte nicht gedacht, dass ich so in die Pensionsfalle stolpere und depressiv und antriebslos werde. Ich habe diese Lebensstufe unterschätzt."

Auch für Frauen, die sich ausschließlich durch ihre Mutter- und Hausfrauenrolle definieren, kann die Lage kritisch werden. Waltraud, zweiundsechzig, war in eine solche Lage geraten. Ihr Mann und die drei Kinder waren ihre Lebensaufgabe gewesen. Als die Kinder schließlich auf eigenen Füßen standen, verzichtete sie gern auf eine weitere berufliche Tätigkeit und widmete sich nun mit Hingabe dem geräumigen Haus und ihrem Biogarten. Ein volles Leben lag hinter ihr. Als der Mann in Rente ging und beiden das Haus und der Garten zu arbeitsintensiv wurden, entschlossen sich Waltraud und Werner, das Anwesen zu verkaufen, um einen lang gehegten Traum zu realisieren: Sie zogen ins Allgäu und kauften dort eine kleine schmucke Eigentumswohnung.

Da gab es keinen Garten zu pflegen, Werner half auch noch in dem kleinen Zweipersonenhaushalt mit – und die Zeit dehnte sich wie ein Kaugummi.

Vor allem den langen Winter mit seinem vielen Schnee und den langen Abenden verkraftete das Paar nicht. Es hatte keine Freunde. Waltraud, die sich selbst einen Putzteufel nannte, hatte noch nie großes Interesse an kulturellen Aktivitäten, Sprachen, Lektüre oder Musik: „Meine Hobbys waren der Mann, die Kinder, der Garten."

Werner sehnte sich jetzt, als Rentner, nach einem Hund. Das kam jedoch für Waltraud nicht in Frage, schließlich war diese Wohnung jetzt ihr Allerheiligstes: Jeden Tag putzte, schrubbte und desinfizierte sie alles wie einen OP-Saal. Dafür war innerhalb von zwei Jahren ihre Beziehung verstaubt. Beide wurden gereizt. Sie schrien sich an. Sie machten sich wechselseitig für die Monotonie ihres Lebens verantwortlich. Und mit Waltraud geschah etwas völlig Unvorhergesehenes, etwas, was man bei ihr niemals vermutet hätte: Sie begann zu trinken. In unregelmäßigen und kleinen Dosen zunächst, dann jeden Abend, schließlich bereits heimlich vor dem Frühstück. Sie goss Liköre und Schnäpse wie ein anderer Selterswasser in sich hinein.

Werner erwies sich zunächst als hilflos. Er schimpfte, tobte, bettelte. Er versteckte den Alkohol vor ihr, er sprach ihr gut zu, konsultierte einen Arzt. Es half alles nichts. Der Alltag in der kleinen Luxuswohnung wurde zum Fegefeuer, frei nach Sartres Wort: *Die Hölle, das sind die anderen.*

Das Lebensschiff dieses früher so starken Paares drohte an den Klippen des falsch angelegten Altersentwurfes zu zerschellen. In der Sprechstunde bei einem klugen Arzt erkannte Werner nicht nur das Ausmaß der Beziehungsmisere, sondern auch seinen Anteil daran. „Während Waltraud die Wohnung auf Hochglanz schrubbte und aus dem Silberputz ein wöchentliches Ritual machte – es gab überhaupt nichts mehr zu wienern –, hing ich, besonders im Winter, in unserem Wohnzimmer herum. Ich schaute an manchen Tagen bis zu acht Stunden Fernsehen. Ich kaufte mir am Kiosk Heftchen mit Kreuzworträtseln und löste bis zu zehn Rätsel am Tage. Ich nahm an Gewicht zu. Ich empfand mich in hellen Momenten selbst als senil. Am schlimmsten war es, als ich merkte, dass ich mich mit fremden Menschen gar nicht mehr richtig unterhalten konnte. Ich hatte übrigens auch meine Sucht, nicht nur Waltraud. Längst nikotinentwöhnt, begann ich wieder zu rauchen. Obwohl ich es nur auf dem Balkon durfte, brachte ich es bald auf eineinhalb Päckchen pro Tag. Damit handelte ich mir auch noch eine Kette nicht abreißender Bronchitiserkrankungen ein. Nein, so hatte ich mir mein Leben im ‚Paradies Allgäu' nicht vorgestellt!"

Doch ähnlich wie bei Andreas und Hilde wurde die Krise zum Startschuss in ein neues Leben. Werner haute auf den Tisch. Er zwang Waltraud zu einer Therapie in der (ebenfalls im Allgäu gelegenen) vorzüglichen psychosomatischen Hochgrat-

Klinik in Stiefenhofen. Er nahm dort selbst während ihres Aufenthaltes an einer „Familienwoche" teil. Dort bearbeitete er seine eigenen Probleme. Er gewöhnte sich bei dieser Gelegenheit endgültig das Rauchen ab.

Werner und Waltraud revidierten ihren Lebensentwurf. Sie verkauften die Eigentumswohnung wieder, zogen in ihre norddeutsche Heimat zurück, reaktivierten alte Bekanntschaften und Freundschaften. Werner engagierte sich als früherer Wassersportler in der Seniorensektion eines Ruderklubs. Waltraud engagierte sich als grüne Dame bei der Betreuung kranker Menschen in einer städtischen Klinik. Ein Jahr später erreichte mich eine Karte von Waltraud mit dem knappen Satz: „Danke für deinen Tipp zur Hochgratklinik – wir sind wieder im Leben gelandet. Hurra!"

Der Politiker und Philosoph Cicero konstatierte in seiner bitteren Schrift über das Alter: *Wenn ich mir die Sache überlege, so finde ich vier Gründe, die das Greisenalter unglücklich erscheinen lassen: Erstens, weil es zu den Geschäften untauglich macht; zweitens, weil es den Körper schwächt; drittens, weil es fast aller Vergnügung beraubt; viertens, weil es nicht mehr weit vom Tod entfernt ist.* Stimmt das in dieser Rigorosität?

Sicher, man kann die leise Melancholie des Alterns, das Abschiednehmen auf Raten, das Nachlassen körperlicher Geschmeidigkeit und Regenerationskraft nicht verdrängen. Ob man es wahrhaben will oder nicht, auch das gemeinsame Altern steht jetzt unter dem Sternzeichen des Sterbenmüssens und des Todes. Aber gerade das alternde Paar macht Erfahrungen, wie noch nie in seinem Leben. Es funktioniert als ein gutes Team. Es erlebt eine Gemeinsamkeit. Es nährt sich aus langen Gesprächen. Es besitzt einen intimen Innenraum der Vertrautheit, eine Schatzkammer gemeinsamer Erlebnisse. Es ist Erntezeit im Leben des alten Paares. Es blickt mit Dankbarkeit auf die Leistungen seines langen Lebens zurück. Es hat sich entwickelt. Es hat Krisen gemeistert. Es entdeckt jetzt im Nachhinein den Sinn der Paarbeziehung, nämlich das Leben in seiner Unbegreiflichkeit und Kontingenz, also schicksalhaften Zufälligkeit.

Das Alter, sagt Marie von Ebner-Eschenbach, *versteinert oder verklärt.* Wenn sich das Paar abschließt, feindselig gegen die Umgebung und alles Neue wird, versteinert es. Wenn es sich für ein Drittes öffnet, verklärt es sich. Bei Andreas und Hilde war das Dritte ihr gemeinsames Engagement für rumänische Straßenkinder. Wo immer sie Menschen begegneten, wiesen sie auf die Not dieser vernachlässigten Kinder hin. Sie sammelten Spenden, auch in Form von Kleidung, Spielzeug und hochwertiger Ernährung. Mit einem kleinen Lastwagen brachten sie diese Gaben der Nächstenliebe vor Ort und erlebten die Dankbarkeit der Kinder und ihrer schlecht bezahlten, aber idealistischen Betreuer.

Dankbarkeit – damit ist ein Stichwort gefallen. Das alte und alternde Paar fährt nicht nur die Ernte seines Lebens ein, sondern es genießt auch seine eigene Dankbarkeit. Es ist gut gegangen. Die Scheunen und Silos sind bis zum Platzen gefüllt. Der eine sagt zum anderen: ‚Ich bin dankbar, dass ich dich als Gefährten auf der Odyssee des Lebens hatte.' In dieser Haltung der Dankbarkeit fühlt sich das alte Paar körperlich und seelisch wohl.

Wir wissen, wie krankheitsverursachend und seelentötend Undankbarkeit und Groll sein können. Frau Ilsebill im *Märchen vom Fischer und seiner Frau*, mag es in ihrem Pisspott nicht aushalten. Sie verlangt vom verwunschenen Butt eine Villa, einen Königspalast, einen Kaisersitz, sie will Papst und Gott werden – und landet am Ende wieder im alten Pisspott ihrer seelischen Verstörtheit. Der Fischer, ein Schweiger und fantasiearmer Pedant, rennt schwach und willenlos in diese Tragödie mit hinein. Auch er besitzt keinen angemessenen Lebensentwurf.

Die amerikanischen Psychologen Robert A. Emmons und Michael E. McCullugh erforschten in verschiedenen Studien die positiven Auswirkungen der Dankbarkeit. Sie kamen zu dem Schluss: *Dankbarkeit fördert und stärkt soziale Bindungen und*

Freundschaften. In schwierigen Zeiten werden diese sozialen Beziehungen zu einer Quelle der Unterstützung. (*psychologie heute,* 7/2003)

Eine Partnerschaft ist ein Geschenk. Wenn wir als Frau und Mann alt sind, können wir in Wahrheit jung sein und die Welt in vollen Zügen genießen. Statt unsere Wünsche zu vernachlässigen, können wir sie lustvoll pflegen, wie eine Katze ihr Fell. Der Philosoph Martin Buber bringt das Geheimnis eines produktiven Alterspaares auf den Punkt: *Alt sein ist eine herrliche Sache, wenn man nicht verlernt hat, was anfangen heißt.*

Lernen, sich für andere zu öffnen und auf irgendeine Weise der Sache des Gemeinwohls dienen, das ist es, was ein altes Paar zur „gehaltvollen Spätlese" reifen lässt. Nur gemeinsam zu konsumieren und auf die Gesundheit oder Krankheit zu starren, reicht nicht aus. Gute alte Paare sind stark und reif, sich „für die Welt zu verschwenden", Anteil zu nehmen, *Fernstenliebe* (Nietzsche) zu praktizieren. Sie sind stark im Geben.

Goethe hat das in einem Spruch brillant formuliert:

Soll ich das Alter nicht verneinen,
So musst du's gut mit andern meinen;
Musst viele fördern, manchem nützen,
Das wird dich vor Vernichtung schützen.

Liebe hat kein Alter. Je mehr wir von ihr verschwenden, desto mehr wächst sie. In einer Studie wurden im Jahr 2002, wie *psychologie heute* (12/2002) berichtet, Männer gefragt: „Fühlen Sie sich von Ihrer Frau geliebt?“ Wer mit Ja antwortete, litt deutlich seltener an Angina pectoris, einer Mangeldurchblutung des Herzmuskels. Die Macht der Psyche über den Körper konstatierten Psychoneuroimmunologen nach einem Experiment mit vierhundertzwanzig Freiwilligen, die mit Erkältungs-Viren infiziert wurden (*Bild der Wissenschaft,* 2002): Es zeigte sich, dass dauerhafte Beziehungen zu Freunden, Nachbarn und Kollegen ein wichtiger Immunfaktor sind. Zweiundsechzig Prozent der Teilnehmer mit drei oder weniger Bezugspersonen erkrankten, aber nur fünfunddreißig Prozent derjenigen mit sechs oder mehr Nahestehenden.

Zum gleichen Zeitpunkt kommentierte *psychologie heute* eine Langzeitstudie, die belegte, dass Menschen, die sich als Kinder von den Eltern geliebt fühlten, als Erwachsene eine Art Schutzschild gegen Krankheit bilden. In den Fünfzigerjahren wurden einhundertsechsundzwanzig gesunde Studenten nach dem Verhalten ihrer Eltern in der Kindheit gefragt. Fünfunddreißig Jahre später zeigte sich nach einer erneuten Befragung, dass diejenigen, die früher Vater und Mutter als abweisend, streng, hart arbeitend und wenig fürsorglich geschildert hatten, im mittleren Alter deutlich häufiger an Herzkrankheiten, Bluthochdruck und Alkoholismus litten als diejenigen, die sich von den Eltern geliebt fühlten. In immer wieder neuen Studien stellt sich als Ergebnis heraus, dass Frauen und Männer, die in einer liebevollen Partnerschaft leben, auch körperlich gesünder sind und deutlich länger leben als Singles oder Menschen in einer destruktiven Beziehung.

Ziehen wir ein Resümee. Iris hat mir über ihre glückhafte, nun schon über fünfzig Jahre währende Ehe mit ihrem Mann Robert einen so von Dankbarkeit erfüllten und wunderbaren Brief geschrieben, dass mir beim Lesen die Tränen kamen. Ich möchte dieses Dokument einer alltäglichen, tapferen, unverbrüchlichen Liebe an das Ende unserer Forschungsreise über das Paar im Wandel und seine lebenslange Liebesarbeit setzen.

Iris und Robert lernten sich Anfang der Fünfzigerjahre in einer norddeutschen Kleinstadt kennen. Beide waren noch keine zwanzig Jahre alt. Robert stammte aus dem Osten und war arm wie eine Kirchenmaus. Er bewohnte ein winziges Zimmer ohne Heizmöglichkeit. Von seinem mageren Ausbildungsgehalt als Verwaltungsangestellter in der Evangelischen Jugendarbeit schickte er Pakete an seine Familie in der DDR. Robert war ein beliebter, stiller, fleißiger junger Mann. Er wurde von seinem Ausbilder, seinem Berufschullehrer und anderen Familien oft zum Essen eingeladen. Iris erinnert sich: „Langsam, ganz langsam entwickelte sich zwischen mir und meinem Mann eine tiefe Zuneigung.

Zärtlichkeiten in Form von Händehalten, ein leichtes Streicheln, wenn er mich nach Hause brachte."

Eine gemeinsame Fahrradfahrt in den Harz mit einer keuschen, getrennten Übernachtung in der Jugendherberge war für damalige Zeiten ein Höhepunkt. „Als wir zu Hause ankamen, waren wir durch und durch nass. Beim Abschied vor unserer Haustür bekam ich meinen ersten Kuss!" Die Liebenden gaben sich Kraft in einer kargen Zeit. Iris: „Er sagte mir einmal, dass ich ihm ‚Heimat' gäbe. Das machte mich sehr glücklich. Allein in der Welt zu stehen, war nicht einfach. Er meisterte sein Leben, und ich war gern in seiner Nähe. Leider hatte ich schon immer krankhaft veränderte, angeschwollene Beine. Als ich ihn darauf ansprach, war seine Antwort: ‚Mir kommt es nicht auf das Äußerliche an, ich mag deinen guten Charakter.' Er half mir sehr, mit meinen Problemen fertig zu werden."

Während dieser Zeit schrieben sich die beiden viele Briefe. Iris hat sie alle aufbewahrt – sie füllen einen ganzen Leitzordner! Liebende haben ihre eigenen, historischen Daten ihrer Beziehungsgeschichte. Sie sind ebenso wichtig wie die erste Kanzlerwahl in der Bundesrepublik oder das Todesdatum von J. F. Kennedy. Iris weiß noch genau: „Am 14. September 1954 fragte mich mein Mann, ob ich seine Frau werden möchte. Ich konnte ohne lange zu überlegen und von Herzen ‚Ja! Ja! Ja!' sagen."

Über Sexualität wussten beide nicht viel. Sie waren nicht aufgeklärt worden. Da wird wohl nicht immer alles leicht gewesen sein. Es begann die Zeit des Kennenlernens. Behutsam, scheu seien sie miteinander umgegangen. Vielleicht ging es früher in Liebesdingen langsamer, dafür aber auch andächtiger und „heiliger" zu. Iris schrieb Robert in einem ihrer Briefe ein Gedicht:

Frage nichts, schweige mein Freund Du,
Sage nichts, neige Dich still mir zu.
Laß ein wenig Raum von mir zu Dir,
Für einen zarten Traum von Dir zu mir.
Leicht wird zerrissen mein Saitenspiel
Glaub mir, wir wissen bald zu viel,
Laß etwas ungesagt an Lieb und Leid.
Alles was ungesagt, schwingt ja so weit.

Im Herbst 1955 heirateten Iris und Robert. Iris berichtet: „Selbst am Polterabend durfte mein Mann nicht bei mir bleiben. Es gehörte sich ja nicht, vor der Eheschließung miteinander zu schlafen." Natürlich hätte die Situation konfliktträchtig sein können, denn das Paar wohnte bei der Mutter von Iris und führte mit ihr einen gemeinsamen Haushalt. Einmal wollte das junge Paar die Lichtleitungen des zweihundert Jahre alten Hauses unter Putz legen lassen. Sofort protestierte die Mutter. Leicht hätte dies bei Robert zu einer Feindschaft gegen die Schwiegermutter führen können, aber das Gegenteil geschah: „Mein Mann behielt die Nerven, und seine ruhige Art, ihr alles zu erklären, stimmte sie milder." Auch sonst erwies sich Robert als reifer Mann und Friedensstifter: „Kam es zwischen uns mal zu Unstimmigkeiten (diese gingen eigentlich immer von mir aus), sprach ich kein Wort und schmollte. Er hat dann immer große Geduld aufgebracht, und ich begriff, dass dies kein gangbarer Weg war."

Das junge Paar baute sich sein Nest, langsam, Stück für Stück aus. Die Geburt der Tochter machte Iris und Rudolf unsagbar dankbar und glücklich. „Jetzt waren wir eine richtige kleine Familie! Iris reimte poesievoll."

Bevor wir dich empfingen, ersehnten wir dich.
Bevor du geboren wurdest, liebten wir dich.
Du warst noch keine Stunde geboren,
da wären wir schon für dich gestorben.
Das ist das Geheimnis des Lebens.

An unsagbare Freude, aber auch an Sorgen, wenn die Tochter krank war, erinnert sich Iris: „Nächtelanges Umsorgen – wir schafften alles gemeinsam, und unsere Liebe und Verantwortung füreinander wuchs." Der Vater von Iris war unter tragischen Umständen gestorben, als sie vierzehn Jahre alt war. Die Mutter betrieb ein kleines Lebensmittelgeschäft. Sie war fast siebzig Jahre alt und bekam keine Rente, deshalb musste sie das Geschäft trotz vieler Krankheiten weiterführen. Iris half ihr. „1959 übernahm ich unseren Laden. Es begann für uns eine harte Zeit. An Urlaub war für viele Jahre nicht zu denken. Mein Mann bekam immer mehr Aufgaben in seinem Beruf. Er musste für Prüfungen lernen. Doch die ganzen Schwierigkeiten schweißten uns nur noch mehr zusammen. Für ein zweites Kind allerdings war zu diesem Zeitpunkt kein Platz in unserem Leben. Zuerst einmal sollte unsere Tochter gut versorgt werden."

Wenn man diesen Lebens- und Liebesbericht liest, dann begreift man einmal wieder, dass es kein einfaches Leben gibt. Das Leben ist immer kompliziert. 1965 gab Iris das Geschäft auf. Der Wunsch nach einem zweiten Kind war immer größer geworden. Iris war inzwischen Mitte dreißig. Robert und Iris steckten ihre ganze Arbeitskraft und alles verfügbare Geld in das alte Elternhaus. Da Robert handwerklich begabt ist, konnte er fast alles in Eigenarbeit neben dem Beruf machen. 1967 wurde das zweite Kind, ein Sohn, geboren. Iris und Robert waren entzückt, wie sie in einem weiteren Gedicht notiert:

Ein Kind – was ist das?
Es ist Liebe, die Gestalt angenommen hat.
Es ist Glück, für das es keine Worte gibt.
Es ist eine kleine Hand,
Die zurückführt in eine Welt, die man vergessen hat.
Unser zweites Glück heißt Thomas.

Die Oma begann zur kränkeln. Zur gleichen Zeit lagen Mutter und Tochter in zwei verschiedenen

Krankenhäusern: „Mein Mann hat die große Belastung, Haushalt, Tochter, Krankenhaus hier, Besuche der Entbindungsstation dort und noch dazu seinen Beruf mit großem Geschick gemeistert. 1972 übernahm er die Leitung seines Amtes. Von jetzt ab dauerte sein Arbeitstag oft zwölf Stunden und mehr.

1971 stellten die Ärzte eine unheilbare Krebskrankheit bei meiner Mutter fest. Nach einem kurzen Krankenhausaufenthalt holten wir sie nach Hause. Wir übernahmen ihre Betreuung bis zu ihrem Tod im folgenden Jahr. Noch heute bin ich meinem Mann dankbar für die Hilfe und Unterstützung in dieser schweren Zeit. Wir teilten uns die Nächte, wenn es meiner Mutter schlechter ging. Meine Mutter sagte mir einmal: ‚Ich kann in Ruhe und Frieden gehen, du hast einen guten Mann, und ihr habt zwei liebe Kinder. Schön, dass ich das alles erleben durfte.'"

Dann erfüllte sich Iris einen lange gehegten Wunsch. Sie begann eine Ausbildung zur Krankenschwester. Wieder unterstützte ihr Mann sie in ihrem Vorhaben. Doch nun kam die nächste Krise. „Kurz vor dem Examen gab es Schwierigkeiten. Wir hatten als Eltern diese nicht wahrgenommen. Unser Sohn ließ in der Schule mit seinen Leistungen nach. Als die Lehrerin ihn nach der Ursache fragte, weinte er und sagte, er sei so viel allein. Sofort wollte ich alles hinschmeißen. Wieder war es mein Mann, der mir half, damit fertig zu werden. Auch unsere Tochter tat ihr Möglichstes, um ihrem Bruder zu helfen. Wir schafften es gemeinsam."

Das Ehepaar freute sich, als die Tochter flügge wurde und heiratete. Iris liebte den neuen Schwiegersohn: „Wir bekamen ein Kind dazu." Wenig später, pünktlich zu Roberts und Iris' Silberhochzeit, kam eine Enkeltochter zur Welt. Der Sohn ging aus dem Haus, heiratete und brachte eine liebe Frau als Schwiegertochter in die Familie ein. Er beglückte die Großeltern mit vier Kindern. Iris bilanziert: „Wir sind dankbar und glücklich. Wir fühlen uns reich mit fünf Enkelkindern."

Der französische Dichter und Denker Albert Camus schreibt einmal: *Einen Menschen zu lieben heißt einwilligen, mit ihm alt zu werden*. Genau das erleben Iris und Robert. 1993 wurde Robert in den Ruhestand verabschiedet: „Lange hatten wir uns auf diesen Tag gefreut. Nun durften wir beide wieder ständig beieinander sein. Jeder war für den anderen da. Alle anfallenden Arbeiten wurden – wo es ging – gemeinsam bewältigt. Heute betreuen wir meine Schwiegermutter, die leider in einem Altenheim lebt. Wir haben sie vor drei Jahren aus Thüringen hierher geholt. Es sind bedrückende Stunden, wenn wir sie besuchen oder auch bei uns haben. Die geistigen Fähigkeiten nehmen immer mehr ab. Wir freuen uns aber, sie als Vierundneunzigjährige noch unter uns zu haben."

Gemeinsame Aufgaben sind immer noch genügend da. Wenn sie gebraucht werden, hüten die beiden gerne ihre jüngsten Enkel. Natürlich hat es zwischen Iris, Robert und den Kindern auch gekracht: „Es blieb nicht ganz ohne Spannungen zwischen den Kindern und uns. Eltern sehen wohl vieles mit anderen Augen, aber Kinder müssen ihren eigenen Weg finden. Wir haben uns zurückgenommen. Ich denke, sagen zu können, dass wir einen guten gemeinsamen Weg weitergehen. Wir freuen uns an ihren Erfolgen und sind traurig, wenn etwas nicht so läuft."

Iris beendet ihre Reise in die Vergangenheit, wie sie es nennt, mit einer ergreifenden Liebeserklärung, die Robert Satz für Satz unterschreiben würde: „Die Liebe zwischen meinem Mann und mir ist geblieben. Ja sie ist noch inniger und tiefer geworden. Wir müssen auch daran denken, dass sich unser Leben dem Ende zuneigt. Es ist unsagbar schön, wenn die Worte *Ich liebe dich* in den Sand geschrieben werden, wenn sich unsere Hände auch nachts finden, wenn wir uns streicheln, die Umarmungen, Küsschen geben, dass es das alles noch gibt. Wir wünschen uns sehr, dass am Ende unseres Zusammenseins ein *Amen* steht."

Eine Bitte hat Iris allerdings: „Mein Wunsch wäre, dass wir in kurzen Abständen von Gott abgerufen würden. Ich bin sehr egoistisch, aber ich würde gern als Erste gehen." Quintessenz der fünfzigjährigen

Paarentwicklung: „Unser gemeinsames Leben war und ist ein harmonisches, glückliches Leben. Wir haben in dieser Ehe unsere Erfüllung gefunden.“

Wie wir als Paar unsere selbst gestellten Aufgaben vollenden können? Wir wissen es nicht. Es braucht dazu ein gewaltiges Maß an Liebesarbeit. Wir können nur darum kämpfen. Wir müssen uns immer wieder auf das Abenteuer der Fremdheit, der Missverständnisse, des Neuaufbruchs, der Suchbewegung einlassen. Denn: *In dem Augenblick,* schreibt Max Frisch (Stiller), *wo zwei Partner glauben, einander sicher zu sein, haben sie sich meistens schon verloren.*

Einzig die Liebe ist es, die uns einander finden lässt.

Ein Verlag, ein Haus, eine Philosophie.

Millionen Bundesbürger kennen den kämpferischen Ganzheitsarzt Dr. Max Otto Bruker (1909–2001) aus dem Fernsehen, aus Vorträgen, durch den „Mundfunk" überzeugter Patienten. Vor allem lesen sie aber die rund 30 Bücher des schwäbischen Humanisten und Seelenarztes. Mit einer Gesamtauflage von über drei Millionen Exemplaren ist Max Otto Bruker der wohl bedeutendste medizinische Erfolgsautor im deutschsprachigen Raum. Der – in der Nachfolge des Schweizer Reformarztes Bircher-Benner scherzhaft „Deutschlands Vollwertpapst" genannte – Massenaufklärer, langjährige Klinikchef und Ernährungsspezialist lehrt zwei fundamentale Erkenntnisse Patienten wie Gesunden: Der Mensch wird krank, weil er sich falsch ernährt. Der Mensch wird krank, weil er falsch lebt.

Hinter den Erfolgstiteln des emu-Verlages steht ein bedeutender Forscher und Arzt, eine Bewegung, ein Haus und tausende Schülerinnen und Schüler. 1994 wurde das „Dr.-Max-Otto-Bruker Haus", das Zentrum für Gesundheit und ganzheitliche Lebensweise, auf der Lahnhöhe in Lahnstein bei Koblenz bezogen. Es stellt die äußere Krönung des Brukerschen Lebenswerkes dar: Der lichte Bau mit seinem Grasdach, den Sonnenkollektoren und den Wasserrecyclinganlagen, seinen Seminarräumen, dem Foyer mit der Glaskuppel und dem liebevollen Biogarten ist als Treffpunkt für all jene konzipiert, denen körperliche und seelische Gesundheit, ökologische und spirituelle Harmonie Herzensbedürfnis und Sehnsucht sind.

Hinter dem eleganten Halbmondkorpus mit dem markanten Grasdach verbirgt sich eine Begegnungsstätte für Gesundheitsbewusste, Seminarteilnehmer, Trost-, Ruhe- und Anregungsbedürftige.

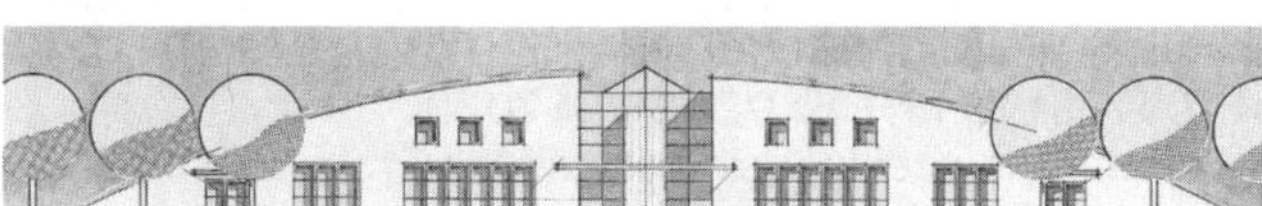

Das Dr.-Max-Otto-Bruker-Haus

Feste Termine:

Jeden Dienstag, 18.30 Uhr: Vortrag Dr. phil. Mathias Jung (Lebenshilfe und Philosophie)
Jeden Mittwoch, 10.30 Uhr: Fragestunde mit Dr. Birmanns (Ärztlicher Rat aus ganzheitlicher Sicht)

Ausbildung Gesundheitsberater/in GGB
Lebensberatung/Frauen-, Männer- und Paargruppen

Die vitalstoffreiche Vollwertkost hat ihre Verbreitung, auch im klinischen Bereich, durch die unermüdliche Information und praktische Durchführung von Dr. M. O. Bruker gefunden. Um die Erkenntnisse gesunder Lebensführung und die durch falsche Ernährung provozierte Krankheitslawine ins öffentliche Bewusstsein zu rücken, bildet die von ihm 1978 gegründete „Gesellschaft für Gesundheitsberatung GGB e.V." Gesundheitsberaterinnen und Gesundheitsberater GGB aus. Über 4000 Frauen und Männer haben bislang die berufsbegleitende Ausbildung bestanden und wirken in Volkshochschulen, Bioläden, Lehrküchen, Krankenhäusern, ärztlichen Praxen, Krankenversicherungen und ähnlichen Bereichen.

Auf der Lahnhöhe erhalten sie durch das GGB-Expertenteam nicht nur eine sorgfältige Grundlagenausbildung über die vitalstoffreiche Vollwerternährung und den Krankmacher der „entnatürlichten" (denaturierten) Zivilisationsernährung (raffinierter Fabrikzucker, Auszugsmehle, fabrikatorische Öle und Fette, tierisches Eiweiß usw.), sondern gewinnen auch Einblick in die leibseelischen Zusammenhänge der Krankheiten.

Anfragen zur Gesundheitsberater-Ausbildung wie zu den Selbsterfahrungsgruppen, Lebensberatung, Paartherapie und Psychotherapie bei Dr. Mathias Jung und weiteren Tages- und Wochenendseminaren sowie Einzelberatung sind zu richten an die Gesellschaft für Gesundheitsberatung GGB e.V., Dr.-Max-Otto-Bruker-Str. 3, 56112 Lahnstein (Tel.: 02621/ 917010, 917017, 917018, Fax: 02621/917033).

Fordern Sie ebenfalls ein kostenloses Probe-Exemplar der Zeitschrift „Der Gesundheitsberater" an.

Von Dr. Jung sind im emu-Verlag bisher in der „blauen reihe“ erschienen:

Von Dr. Jung sind im emu-Verlag bisher in der „roten reihe“ erschienen:

Von Dr. Jung sind im emu-Verlag bisher in der „gelben reihe“ erschienen:

Von Dr. Jung sind im emu-Verlag bisher in der Sprechstunden-Reihe erschienen:

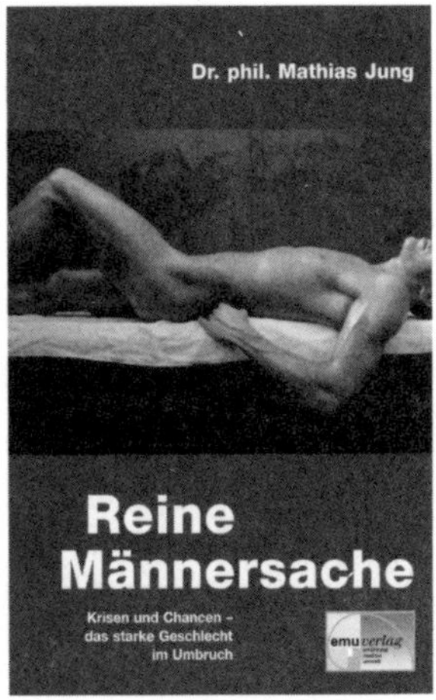

Von Dr. Jung sind im emu-Verlag bisher in der Sprechstunden-Reihe erschienen:

Von Dr. Jung ist in Zusammenarbeit mit Andrea Montermann (Illustrationen) folgender Titel erschienen:

Von Dr. Jung sind im emu-Verlag folgende Vorträge als Audiokassetten erschienen:

Lebensberatung

- Mein Charakter – mein Schicksal?
- Depression als Chance
- Das Verdrängte in unserer Seele
- Die Wunde der Ungeliebten
- Das Nein in der Liebe
- Was ist der Sinn des Lebens?
- Meine Sprache – meine Seele
- Söhne brauchen Väter
- Krankheit als Kränkung und Anpassung
- Eifersucht – ein Schicksalsschlag?
- Der Mann – ein emotionales Sparschwein
- Geschwisterliebe – Geschwisterrivalität
- Verlassen und verlassen werden
- Neurodermitis – Fehlernährter Körper – Aufgekratzte Seele
- Das sprachlose Paar
- Zweite Lebenshälfte – Endlichkeit und Aufbruch
- Das Drama der Trennung
- Ein Zimmer für mich
- Mut zur Angst
- Sexualität – Lust und Last
- Außenbeziehung – Krise oder Chance
- Liebesverträge in der Beziehung
- Lob der Einsamkeit
- Aggressionen unter Liebenden
- Mehr Zeit für mich
- Alkoholkrank: Der Betroffene und seine Familie
- Lebensbedingte Krankheiten nach Dr. M. O. Bruker
- Meditation: Freude – Angst – Hoffnung
- Alter und Tod. Rätsel der Natur
- Verzeihen und Versöhnen
- Frieden mit den Eltern
- Das Paar im Wandel: Jugend, Mitte, Alter
- Sexueller Missbrauch
- Seele – Sucht – Sehnsucht
- Organtransplantation – Sterben auf Bestellung?

Märchen

- Der kleine Prinz – mein verschüttetes Ich
- Froschkönig – Glück und Zähneklappern der Liebe
- Das verletzte Kind in mir oder Hans mein Igel
- Sein und Schein oder Des Kaisers neue Kleider
- Schneewittchen oder das Drama des Neides
- Siddharta: das Rätsel des Lebens
- Eisenhans oder Wie ein Mann ein Mann wird

- Das tapfere Schneiderlein oder Mut zum Leben
- Eigensinn oder Die Möwe Jonathan
- Elternablösung – Hänsel und Gretel
- Außenseiter – Das hässliche Entlein
- Befreiung der Weiblichkeit – Das Märchen Blaubart
- Tödliches Schweigen – Der Fischer und seine Frau

Philosophie

- Sokrates oder Die Norm meines Gewissens
- Seneca oder Die Freude des Augenblicks
- Augustinus oder Der Zwiespalt
- Giordano Bruno oder Die neue Welt
- Descartes oder Der Januskopf der Wissenschaft
- Spinoza oder Das Abenteuer der Diesseitigkeit
- Hobbes oder Die Zähmung der Bestie Mensch
- Leibniz oder Die Beste aller Welten
- Voltaire oder Die Waffe des Geistes
- Kant oder Die Mündigkeit
- Hegel oder Der Fortschritt
- Feuerbach oder Die Sache mit Gott
- Marx oder Die Entfremdung des Menschen
- Schopenhauer oder Die Qual des Seins
- Nietzsche oder Die Hymne auf das Leben
- Heidegger oder Die Angst
- Jaspers oder Die Weltphilosophie
- Hannah Arendt oder Vom tätigen Leben
- Bloch oder Das Prinzip Hoffnung
- Popper oder Die offene Gesellschaft
- Sartre oder Die Freiheit

Literatur

- Lessing – die Toleranz
- Wieland – die Aufklärung